아르노와 랑슬로의

일반이성문법

Antoi
neArn
auld&
Claud
eLanc
elot

아르노와 랑슬로의

일반이성문법

한문희 옮김

Antoi
neArn
auld&
Claud
eLanc
elot

민음사

차례

일반이성문법에 대하여

　포르루아얄 문법으로 더 잘 알려진 『일반이성문법』은 문법학
자인 클로드 랑슬로와 철학자 앙투안 아르노가 공동 집필한 것
이다. 이 책은 1660년에 파리에서 첫 출간된 후, 1664년, 1676년,
1679년, 1709년에 계속 증보되어 출판되었다. 1754년에 프랑스
문법학자 뒤클로Duclos는 1676년판 원문에「주석」을 덧붙였는
데, 그 후 이것을 포함한 판본이 계속 이어졌다(1768, 1783년). 19세
기와 20세기에도 일반이성문법에 대한 관심은 계속되어, 1803년
에는 프티토Petitot가 여기에「프랑스어의 기원과 발달」이라는
서언을 덧붙였다. 1830년과 1845년판에는 아르노와 니콜이 함께
1662년에 이미 발표했던 『논리학 또는 사고의 기술』이 함께 묶여
선보였다. 최근에는 브리클 H. E. Brekle의 비평판(1966)이 나오고,
1845년판에 일반문법이란 다름 아닌 문법의 과학이라는 역사적
주장을 담은 바이 A. Bailly의 서문을 첨가하여 1968년에 재출간
하였으며, 이어서 1969년에는 일반문법의 의미를 논하는 푸코 M.

Foucault의 긴 소개문을 1830년판에 덧붙여 다시 출간하기에 이르렀다.

우리가 사용한 책은 1676년도 세번째판에서 독자를 위하여 17세기 철자를 약간 수정하고 색인을 붙여 알리아 출판사에서 출간한 것으로, 초판에 제2부 9장의 중요한 사항이 첨가되어 있다.

저자 아르노와 랑슬로는 모두 얀센 운동[1]에 가담하였으며, 파리 근교의 포르루아얄 데 샹이라는 수도원에서 살았다. 아르노는 신학자이며 논리학자로, 이 운동의 주동자 역할을 했고, 니콜과 함께 『논리학』을 저술하였다. 랑슬로는 학자이며 교사로 여러 언어를 자유롭게 구사했는데, 『라틴어 학습법』(1644), 『그리스어 학습법』(1655), 『이탈리아어와 스페인어 학습법』(1660)을 저술하였다. 그는 포르루아얄 수도원에 있으면서 20여 년 간 언어교수법의 개혁을 주도해 온 인물로, 포르루아얄이라는 작은 학파를 구성하기에 이르렀다.

이 문법서에 결정적으로 영향을 미친 이론과 학자에 대한 역사적 연구가 아직 철저하게 이루어지지 않은 현 시점에서 랑슬로와 아르노의 공동 연구의 독창성을 평가하기란 쉽지 않다. 그러나 이들이 받은 영향을 개괄적으로나마 가늠하여 보면, 아리스토텔레스를 비롯하여, 중세의 다양한 사변문법들, 그리고 스칼리저, 라뮈, 상티우스, 보줄라, 데카르트와 파스칼 같은 학자들을 꼽을 수 있을 것이다.

---

1) 17세기 중엽에 네덜란드의 천주교 신학자인 얀센이 창시한 교의를 따르는 사람들로, 아우구스티누스의 설을 받아들여, 성총, 자유 의지, 예정 구령에 대하여 엄격한 견해를 말하고, 프랑스의 포르루아얄 학파 같은 신봉자들을 낳았으나, 1713년 교황에 의하여 금지되었다.

각 저자의 이 책에 대한 기여도를 정확하게 구별해 내기는 불가능하지만, 앞선 이론에 대한 지식과 문법에 대한 연구, 언어에 대한 구사는 랑슬로가 담당했을 것이고, 이들 잡다한 자료를 우수한 지능과 분석력으로 아르노가 종합 정리했다고 추측하는 것이 합리적인 것 같다.

『일반이성문법』은 문법을 〈말하는 기술〉이라 정의하고, 그것을 두 부분으로 나누어서 분석하고 있다. 제1부에서는 기호를 그것의 〈본질〉로서, 다시 말해서 〈소리와 문자〉로서 다루고 있으며, 전부 6개의 장이 포함되어 있다. 그 내용을 살펴보면, 먼저 모음(1장), 그리스어, 라틴어, 헤브라이어의 소리와 함께 자음(2장), 음절(3장), 소리로서의 단어(4장), 철자로서의 문자(5장)를 다루고 있으며, 마지막 장엔 〈모든 언어로〉 쉽게 읽도록 배우는 방법을 제시하고 있다.

제2부는 1부보다 더 심화된 전개로, 기호를 의미에 따라 분석하는 것, 즉 인간이 그들의 사고를 의미하는 데 기호를 사용하는 방법을 분석하고 있다. 1660년 초판에는 2부가 23장으로만 구성되어 있었는데, 1664년 2판에서 비인칭을 19장에 첨가함으로써 24장으로 증가되었다. 여기에서는 인간이 생각하고 있는 사물에 관해서 내린 판단을 표현하는 데 사용하는 단어의 용법을 설명하고 있다. 즉 단어가 나타내는 여러 가지 의미 형태가 근거하고 있는 원칙과 이유를 깊이 있게 규명한다.

이렇게 철자(제1부 1-2장), 운율(제1부 3-4장), 유추(제2부 2-23장), 통사론(제2부 24장)을 차례로 다룸으로써, 이 책의 전체적인 윤곽은 전통적인 형식을 그대로 따르고 있다.

또한 이 책의 독특한 특징은 품사를 새롭게 배치하고, 가운데

부분(제2부 1장)에서 뒤에 따르고 있는 형식의 기본 원칙을 설명하였으며, 그 순서의 정당성을 증명하고 있다는 것이다. 제2부의 1장에서는 단어란 우리 인간의 사고를 나타내는 기호라고 정의 내리고, 차례로 수, 성, 격(2-6장)이 포함되어 있는 명사와 형용사, 관사(7장), 대명사(8장), 특히 관계대명사(9-10장), 전치사(11장), 부사(12장), 동사(13장), 수와 인칭(14장)의 문제를 함께 포함하여, 시제(15장), 법(16장), 부정법(17장), 형용사적 동사(18장), 비인칭 동사(19장), 분사(20장), 제롱디프와 목적 분사(21장), 조동사(22장), 접속사와 감탄사(23장)를 고찰하고 있다. 마지막 24장은 성·수에 따른 일치 관계와 단어의 순서를 고려한 이중적 관점에서 통사론을 다루고 있다. 1676년에 발간된 세번째판은 여기에 수사법과 일부 관점을 덧붙여서 결정판으로 소개되었으며, 18세기에 수많은 재출간 작업이 계속되었다.

이 책에서 저자들이 사용한 형식과 방법이 매우 논리적이며, 그 시도와 계획 자체도 뛰어나다는 점에 현대 독자들은 더 놀라게 된다. 인간 정신의 기능 자체에서 언어의 토대를 찾아내려는 시도는 완전히 새로운 것이었다. 아마도 이 문법이 최초로 지향한 일반적이며 이성적인 특성 때문인 것 같다.

『일반이성문법』은 여러 개별어 문법을 구체적으로 분석한 경험을 토대로 이루어졌기 때문에 〈일반적〉이라고 할 수 있다. 중세 인문학자들이 저술한 문법은 라틴어를 모형으로 하여 동시대 언어를 기술하였으므로 대부분이 형태론적 기술에 치우쳤다. 그러나 포르루아얄 문법은 정신적 과정의 분석에 근거를 두었기 때문에, 모든 언어에 적용시킬 수 있는 것으로 명백하게 드러났다. 비록 저자들이 그들에게 친근한 언어로 시작해서 대부분의 예를 라틴어와 프랑스어에서 취하긴 하였지만, 그 분석이 형태론에 근거하지 않았으며, 한편으로는 생각과 개념 유형, 다른 한편으로는 그것을 표현하는 데 사용하는 단어와 문장 형태에 근거하였다. 그들은 개별 언어가 나타내는 다양성을 넘어서 모든 언어가 공통으로 가지고 있는 점, 또 그 언어 사이에서 발견되는 중요한 차이점이 생기는 이유를 설명해 보려고 노력하였다. 저자들은 보줄라[2]가 옹호하는 〈좋은 어법〉의 개념에 맞서서, 프랑스어에 고유한 수사법의 여러 가지 경우를 검토하여 용법보다 이성을 앞세우는 〈이성적〉 문법을 세우고자 한 것이다.

또한 그들의 목적은 말하는 기술의 토대를 형성하는 기본적이며 보편적인 원칙을 설명하는 것이었다. 문장을 형성하는 다양한 단어는 우리의 정신 안에서 이루어지는 것에 달려 있으므로, 먼저 우리의 사고 속에서 진행되고 있는 것에 대해 우리가 분명히 알지 못하면, 단어에 포함된 다른 종류의 의미를 정확하게 이해할 수 없게 된다. 단어들은 생각을 표현하기 위해서 만들어졌기 때문이다. 그러므로 랑슬로와 아르노는 언어가 전달하는 것을 임무로 하는 다양한 정신적 작업에 따라 단어의 여러 가지 형태를 구별해 보려고 한다.

인간은 먼저 단순한 것으로부터 출발하여 복잡한 것으로 옮겨

---

2) Claude Favre de Vaugelas(1585~1650) 프랑스의 언어학자이며 문법학자. 프랑스의 아카데미 작업을 지휘해서 『프랑스어의 고찰 *Remarques sur la langue française*』을 1647년에 출간하였다. 이것은 언어를 고정시키기 위해서가 아니라 규제하기 위해서 만든 책으로, 그는 프랑스어의 〈라틴어화〉에 대항해서 궁정과 도시에서 사용되는 〈좋은 어법〉에 근거하였으며 용법을 중시했다.

가는 조직적 처리 방식을 수행하는데, 다시 말해서 생각해서 판단하고 추론하는 것이다. 가장 단순한 작업에 해당되는 〈생각〉은 다만 한 가지 사물의 표상으로 이루어지기 때문에, 실사나 형용사 같은 명칭의 한 단어로 옮겨진다. 더 복잡한 작업인 〈판단〉은 주어에 해당하는 실사 또는 속사와의 관계를 맺는 것이므로 한 단어로 옮겨질 수 없고, 적어도 실사 하나와 동사 하나를 포함하는 일련의 단어들로 옮겨진다. 마지막으로 〈추론〉은 일련의 절로 옮겨진다. 오늘날 문법학자들의 용어를 따르자면, 이는 형태소나 단어의 연구인 형태론에서 형태소나 단어들 사이의 관계에 대한 연구인 통사론으로 옮겨가는 것이다.

그러나 이 책에서 통사론에 할애된 부분은 많지 않아서 단어에 대한 현대적 의미가 부분적으로만 포함되어 있다. 실제로 단어를 함께 결합시키는 것만 다룰 뿐이고 절에 대한 이론은 다루지 않고 있다. 그러나 관계대명사 부분에서 절과 관계절을 최초로 구별하여 설명하고 있다. 이것은 절의 연구에서 일관된 논리적 분석의 근거가 되며, 단어의 기능과 본질에 관계되는 문법적 분석과 구별된다.

이 책에서 다루어지는 내용 중 특히 중요하게 생각되는 것을 살펴보면 다음과 같다.

먼저 단어를 기호로 정의하여 이론을 제시하고 있다. 단어는 구별되는 분절된 소리이며, 인간은 생각에 의미를 부여하기 위하여 그 소리를 기호로 바꾸었다는 것이다. 기호의 본질은 그것이 지니고 있는 표상 능력으로써 그것에 포함되어 있는 바로 그 표상이다. 그것은 정신에 상징적 표상으로 작용할 뿐만 아니라 직접적으로 표상 능력을 부여한다. 이것은 푸코가 『말과 사물』에서

〈기호와 그것이 의미하는 것 사이에는 어떠한 매개적 요소도 없으며, 불투명함도 전혀 없다〉고 주장하는 것과 같은 맥락이다.[3] 그런데 여기에서는 언어 기호의 의미에 관한 문제가 제기되지 않았기 때문에, 의미 이론이나 단어를 의미 단위로 보는 이론이 포함되어 있지 않다. 소리는 인간이 정신에 의해 부여된 사물을 표상하는 상징으로 사용된다. 또다른 한편으로는 소리가 자연적 기호와 대립을 이루는 제도적 기호로써 인간의 창조물이 된다. 그것 자체로, 소리의 표상능력이 인간 정신에 작용하는 신의 능력 때문이라고 하더라도, 소리에는 내재적인 필연적 특성이 없다. 이러한 관점은 후에 소쉬르[4]가 기표와 기의 간의 관계를 자의적이라고 규정짓는 이론의 전조가 되는 것이다.

그리고 이들은 언어 기호를 우리 사고의 대상물을 의미하느냐 혹은 사고의 형태와 방법을 의미하느냐에 따라 두 가지로 분류했다. 첫번째 부류에 속하는 것으로는 명사, 관사, 대명사, 분사, 전치사와 부사가 있다. 두번째 부류에는 동사, 접속사, 감탄사가 속한다. 이러한 두 부류의 단어는 문장 산출의 기저를 이루는 보편적 정신 유형에 부합되며, 이 문법서에서 연구되는 두 가지 작업에 부합된다. 즉 그것은 사고의 개념과, 두 가지 착상된 용어를 함께 모으는 일이다.

개념이란 내가 존재, 지속, 사고, 신 등을 고려할 때처럼 우리의 정신이 순전히 지적이며 추상적인 방법으로 사물을 바라보는

---

3) Michel Foucault, *Les mots et les choses* : *une archéologie des sciences humaines*(Paris : Gallimard, 1966), 80쪽.

4) Ferdinand de Saussure, *Cours de linguistique générale*(Paris : Payot, 1995).

것이며, 또는 내가 사각형, 원, 개 등을 그릴 때처럼 구체적인 이미지로 바라보는 것, 혹은 사물이 우리 마음속에 불러 일으키는 것에 대해 우리가 가지고 있는 단순한 견해이다. 데카르트의 철학에서 논쟁의 핵심을 이루고 있는 이러한 생각에 대해서 이 문법서는 어떠한 정의도 내리지 않고 있다.

아르노의 『논리학』에 따르면, 생각이란 〈우리가 어떤 사물을 마음 속에 품고 있다고 확실하게 말할 수 있을 때 우리 정신 속에 현존하는 모든 것〉이다. 아르노도 데카르트와 같이 사고와 의식을 사고와 의지로 동일시한다. 생각이란 어떤 사람의 마음속에 즉각 품어지는 모든 것, 즉 관념, 느낌, 생각과 의지, 이해, 상상과 감각으로 이루어지는 모든 작용이다.

판단한다는 것은 우리가 생각한 사항이 이것이며, 저것이 아니라고 말하는 것이다. 예를 들면, 지구가 어떠하며, 둥근 것이 무엇인가를 생각해서, 내가 〈지구는 둥글다〉라고 표명하는 것이다. 여기에서도 아르노는 데카르트의 사상을 빌어온 것이다. 데카르트는 판단에서 우리는 〈주제〉와 〈형태〉를 구별해야 하며, 따라서 판단은 이해한 것과 의도한 것을 연결해 주는 작업의 결과로 나타나야 한다고 주장했다. 저자들이 판단에 특별한 중점을 두는 것은 그들이 사고의 다른 형태나 방법을 소홀히 하지 않았다는 뜻이다. 사고에는 연결, 분리, 이와 유사한 다른 작업들, 그리고 욕망, 명령, 의문 등과 같은 우리 정신의 또다른 움직임까지도 포함시켜야 한다. 그러나 판단은 인간이 사고할 때 보통 취하는 기본적 작업이다. 인간은 그들이 생각한 것을 거의 표현하지 않으며, 언제나 그들이 생각한 사항에 대해서 그들이 내린 판단을 표현하기 때문이다.

위에서 든 예는 단언과 절의 규범이 되었다. 우리의 사고에서 진행되는 것의 기저 구조는 문법 영역의 밖인 것처럼 보이며, 문법 분야로는 등식을 통해서 옮겨질 수 있기 때문이다. 그것은 절대적으로 판단 사이, 즉 단언과 절 사이에 명백한 것으로 보인다. 판단이 말해지거나 씌어진 표현과 동일한 것을 설명하기 위해서 선택된 예의 의미는 분명히 밝혀져야 한다. 그것은 내포된 판단으로 그것의 언술이 비명시적 자질을 수반하며, 그 자질 모두가 똑같이 중요하지는 않다. 그렇다고 해서 절에 단지 단순한 항과 단일한 단언만을 포함해야만 할 필요는 없다. 이것은 생성 문법의 기본문에 비교될 수 있다.

동사에 대해서 이 문법서는 아리스토텔레스가 내린 정의를 반박한다. 아리스토텔레스는 동사란 행위와 열정을 의미하는 것이라고 정의했지만, 이것은 속사에 대한 풀이에 지나지 않는다. 스칼리저 Jules-César Scaliger는 동사란 영원한 것을 의미하는 명사에 대립되어 지나가는 것을 의미한다고 했다.[5] 일반이성문법에서는 동사란 그 주된 용법이 단언을 의미하는 것이라고 했다. 그것은 단어가 사용된 문장은 이 문장을 만든 사람이 어떤 사항을 다만 생각했다는 것뿐만 아니라, 그것을 판단하고 단언했다는 것을 의미한다. 주된 용법이란 욕망, 요구, 명령 같은 다른 영혼의 움직임과 단언을 구별한다는 뜻으로, 이것은 동사의 어미 변화와 법 같은 보조적인 표지로도 나타낼 수 있기 때문이다. 동사에는

---

5) 이탈리아의 인문학자이며 의사(1484-1558). 그는 당시의 많은 인문학자들과 대립되는 입장을 보였다. 히포크라테스, 아리스토텔레스, 테오프라스트에 관한 여러 과학 서적과 문학 서적을 저술했으며, 특히 그의 시학은 고전주의를 표방한다.

또한 주어에 대한 개념도 포함될 수 있다. 라틴어의 sum homo 에서 sum은 단언뿐만 아니라, 〈나〉라는 주어의 뜻도 들어있다. 주어라는 개념은 속사와도 결합될 수 있다. 라틴어의 vivo는 〈나는 살아있다〉라는 뜻이다. 게다가 동사에는 시제가 포함된다. 그러나 인칭, 수, 시제는 동사의 기본 의미에 첨가되는 주요한 부수적 사항일 뿐이다.

그리고 동사에는 두 종류가 있는데, 하나는 원형적 동사로 단언 이외의 다른 것은 나타내지 않는 프랑스어의 être와 같은 존재 동사이다. 그 이외의 다른 동사에는 단언에 속사의 개념이 첨가된다. Pierre vit는 Pierre est vivant과 뜻이 같다. 따라서 모든 동사는 속사와 형용사적 분사로 이루어진 등가 관계의 다른 문장으로 나타낼 수 있다. 이렇게 단언의 개념은 동사와 유기적으로 연결되어 있으며, 동사는 동시에 절의 두 항 사이에 우리 정신이 세워놓은 관계, 즉 속사의 개념을 주어의 개념 안에 포함시키는 것을 구체화한다. 포함은 생각의 논리에 속한다. 그것은 절의 범주가 나타내는 공리적 조건으로 연결되며, 이해와 확장이라는 용어로 해석될 수 있다. 관계를 세운다는 것은 포함을 승인한다는 결과를 낳는다. 우리가 정신 속에서 세우는 관계, 이것이 바로 언표 내적인 행위의 특성이 되며, 이 점이 동사가 역시 단언을 의미하는 명사와 다른 점이다. 명사는 정신적 반응을 통하여 우리 사고의 대상물이 되는 것이기 때문에, 이러한 단어를 사용하는 사람이 단언한다는 행위를 나타내지 않고, 그가 단언을 생각한다는 것만 뜻한다.

다음으로 절에 대해서, 단순절이란 단지 한 가지 판단만 포함되어 있는 것으로 주어 하나와 속사 하나를 지니게 된다. 몇 개의 주어와 하나의 속사, 또는 몇 개의 속사와 하나의 주어가 사용된 문장은 몇 가지 판단이 포함되어 있으므로 복합문이라고 본다. 복합성이 두 항의 결합으로 나타날 때 하나는 다른 하나에 의해서 지배를 받는다.

특히 일반이성문법에서는 관계절의 해석에서 혁신적인 특성을 강조한다. 관계절이란 주절이라고 부를 수 있는 또다른 절의 주어 또는 속사의 역할을 할 수 있는 절이다. 아르노와 랑슬로는 형용사적 항을 명사에 직접적으로 관계되는 삽입절과 같은 것으로 보아, 복합절도 문법적으로 표현된 삽입절을 포함하지 않을 수도 있다고 주장한다. 이러한 유형의 절은 주어나 속사가 여러 항으로 구성되어 있어서 적어도 우리 정신 속에서 여러 개의 절로 바꿀 수 있는 몇가지 판단을 포함하고 있다. 바로 이 부분에서 촘스키는 포르루아얄 문법을 문장의 심층 구조, 표층 구조와 연관시켜 변형주의의 선구자라고 칭하는 것이다.[6]

이렇게 일반이성문법은 기호, 절, 동사에 대한 이론을 소개하고 있으며, 특히 절을 문법 연구의 중심 단위로 설정하는 데 지대한 영향력을 발휘하였다. 또 언어의 철학과 문법이 발전되는 데 결정적인 공헌을 하였다고 볼 수 있다. 포르루아얄 문법은 보편적인 것으로 보이는 정신주의적 관점을 취하고 동시에 강력하고 단순한 이론적 도구를 사용하면서 일반문법에서의 이론적 성찰의 출발점이 되었다. 이것은 19세기 중엽까지 약간의 변화를 거치면서 널리 유행하였는데, 특히 18세기의 이론가들은 이 문법

---

6) Noam Chomsky, *La linguistique cartésienne*, tr. N. Delanoe et D. Sperber(Paris : Seuil, 1969), *Language and mind*(New York : Harcourt, Brace and World, 1968).

을 참조해서 그들의 언어에 대한 생각을 발전시켰으며, 이 문법의 독특한 면을 수정하거나 비판하기도 하였다.

데카르트의『방법론』[7] 이후 꼭 23년 뒤에 프랑스어로 씌어진 이 문법서는 프랑스어도 고전 언어를 연구하는 방법으로 연구할 수 있는 언어라는 것, 그리고 철학적 사고의 무게가 실릴 수 있으며, 단어들의 〈자연스러운 순서〉에 따라 분명하게 표현되는 언어라는 것을 인식시키는 데 크게 이바지하였다. 또 이 저서의 영향으로 이성적 지식에 근거하여 언어 학습을 용이하게 할 수 있다는 생각이 널리 보급되었다.

일반이성문법이 독창적이라고 할 수 있는 또 한 가지 이유는, 그 당시까지 문체의 수사로만 여겨왔던 수사법을 통사론에 통합시켜 문법과 수사학 사이에 다리를 놓았다는 점이다. 문체는 사고의 표현 자체로 하나를 이룰 뿐이며 문법적 구성 내부에 자리 잡게 되어서 언어의 자연스러운 질서를 파괴할 수 있다. 그렇지만 문체를 남용하는 것은 언어를 아름답게 만들기는커녕 더 무겁게 만들 뿐이다. 따라서 저자들은 문법의 규칙을 철저히 지켜서 생기는 단조로움과 지나치게 표현된 문체의 과장 사이의 균형을 맞추도록 권하고 있다.

구조주의자들은 개별 언어의 구조적 특수성을 강조해서 이 문법서가 제시하는 이론적 성찰의 가치를 전적으로 부정하려 들지만, 언어의 보편성을 강조하는 변형문법가들은 그들의 이성주의적 언어관의 기원을 이 저서에서 찾는다. 그 대표자인 촘스키는

---

7) René Descartes, *Discours de la méthode*(Paris : Garnier-Flammarion, 1968).

자신의 변형생성문법의 기초가 되는 중요한 개념들 중의 하나인 언어의 표층 구조와 심층 구조의 구별이 이미 이 문법서로 태동되었다고 본다. 실제 언술의 물리적 형태에 해당되는 문장의 표층 구조와 기저의 추상적인 심층 구조를 구별해야 하는데, 이 심층 구조는 문장을 구성하고 있는 부분에 나타나는 표현과 실제의 배열 속에 반드시 드러나지 않는다. 따라서 이 심층 구조를 논리-문법적인 의미 분석을 통하여 찾아내야 한다는 것이다. 촘스키는 이러한 구별이 포르루아얄 문법서에 특히 분명하게 표명되어 있으며, 놀라울 정도로 섬세하고 명석하게 데카르트의 개념을 최초로 발전시켰다고 그의 저서에서 밝히고 있다.[8] 관계대명사를 다루면서 랑슬로와 아르노는 다음의 문장에 세 개의 절이 내포된 것으로 분석한다.

Dieu invisible a crée le monde visible.

Dieu est invisible. Dieu a crée le monde. Le monde est visible.

촘스키도 역시 이들처럼 심층구조가 의미를 표현하며, 이것은 모든 언어에 공통적이라고 보는데, 심층구조가 바로 인간의 사고 형태를 반영한 것이기 때문이라는 이유에서다.

촘스키가 자신의 대부분의 주요 저서에 이 책을 참고 문헌으로 인용하면서, 이 작품의 우수성을 뚜렷하게 부각시켰기 때문에, 최근에 미국 지식인 사회에서도 포르루아얄 문법에 대한 관심이 고조되고 있다. 그것은 주로 이 저서를 엄격하게 변형주의 이론

---

8) 각주 6) 참고.

의 효시로 볼 수 있는가 하는 것과, 이 저서의 저자들이 과연 데카르트로부터 직접 영향을 받은 것인가에 대한 논쟁이다.[9] 촘스키는 이러한 비판적 논쟁을 매우 환영하고 있는데, 이러한 풍토가 바로 언어와 사고에 대한 합리적 이론을 도출해 내는 데 새로움을 가져다 줄 수 있기 때문이다.

포르루아얄 문법이 소쉬르에서 촘스키까지에 이르는 언어학자들과 푸코와 같은 철학자들의 관심을 끄는 것은 17세기와 18세기의 독자들이 아마도 전혀 느낄 수 없었던 몇 가지 특성들을 이 책이 밝혀냈다는 점 때문이다. 특히 이 책에서 철학자들은 정서법과 좋은 어법에 관한 고찰에 주목하고 있다. 하나의 기호가 각각의 소리에 부합되는 완벽하게 이상적인 철자법을 지닌 언어는 이 세상에 없다고 저자들은 밝히면서, 정서법의 급진적인 개혁도 비판하고 나선다. 문자란, 아무리 협약적이라 해도 국민 전체의 역사 속에 기록되는 것이기 때문이다.

이 문법서는 최근의 변형문법 이론 이외에도 19세기 말의 초기 의미론 연구나 20세기 구조언어학의 한 부류인 옐름슬레브의 『언어 소론』[10]에까지 그 파급 효과를 나타내고 있다.

---

9) Robin Lakoff, "review of Herbert Brekle's critical edition of the *Grammaire générale et raisonnée*," *Language* 45(1969), 343–364쪽, 그리고 Hans Aarsleff, "The history of Linguistics and professor Chomsky," *Language* 46(1970), 570–585쪽, 그리고 Jean–Claude Pariente, *L'analyse du langage à Port–Royal*(Paris : Minuit, 1985) 등을 예로 들 수 있다.

10) Louis Hjelmslev, *Prolégomènes à une théorie du langage*(Paris : Minuit, 1964), 그리고 "La glossématique, l'héritage de Hjelmslev au Danemark," *Language* 6(juin, 1967)를 참조할 수 있다.

지난 1997년 여름 실로 오랜만에 밟은 프랑스 땅 파리의 어느 대형 서점에서 늘 말로만 들어오던 이 유명한 책을 발견한 나는 귀국 즉시 단숨에 번역해 버렸다. 언어학사에서 차지하는 큰 비중 때문에 너무도 자주 회자되는 이 책의 내용을 우리나라 독자들에게 하루 빨리 알리고 싶어서이다. 그러나 여러 가지 사정으로 출간이 지연되다가 오늘에야 겨우 결실을 맺게 되었다. 앞에서 살펴본 것처럼, 이 책의 중요성은 결코 책의 얄팍한 분량으로 가늠될 수 없다. 이 책은 일반 언어학 전공자는 물론이고 개별 언어학과 촘스키의 언어 이론을 탐구하려는 학생들, 특히 언어와 논리가 가진 관계에 호기심을 갖고 있는 분들, 그리고 라틴어와 프랑스 언어학에 관심과 열정이 있는 모든 사람들에게 길잡이가 될 수 있다고 생각한다. 따라서 이러한 분들이 특별한 관심을 가지고 꼼꼼히 읽어주시길 바라며, 혹 번역상의 잘못이 있다면 가차없는 질책과 애정어린 편달을 부탁드린다.

끝으로 이 책의 출판을 맡아주신 민음사 사장님, 그리고 편집부 학술팀 여러분들께 깊은 감사를 드린다.

2000년 3월
한문희

일반이성문법에 대한 참고 문헌

Brunot, Ferdinand, *Histoire de la langue française*, Paris, Librairie Armand Colin, 1966.

Chomsky, Noam, *La Linguistique cartésienne*, tr. N. Delanoë et D. Sperber, Paris, Seuil, 1969.

Chomsky, Noam, *Language and mind*, New York, Harcourt, Brace and World, 1968.

Donze, Roland, *La grammaire générale et raisonnée de Port-Royal*, Berne, Francke, 1967.

Foucault, Michel, *Introduction de Grammaire générale et raisonnée*, Paris, 1969.

Harnois, Guy, *Les theories du langage en France de 1660 a 1821*, Paris, Les Belles Lettres, 1929.

Juliard, Pierre, *Philosophy of language in eighteenth century France*, The Hague, Mouton and Co., 1970.

Lakoff, Robin, "Review of Herbert Brekle's critical edition of the Grammaire générale et raisonnée," *Language* 45, 1969, 343-364쪽.

Miel, Jan, "Pascal, Port-Royal, and Cartesian Linguistics," *Journal of the History of Ideas* 30, 1969, 261-271쪽.

Parinte, Jean-Claude, *L'analyse du langage à Port-Royal*, Paris, Edition Minuit.

Salin, Gunvor, *Cesar Chesneau Du Marsais et son rôle dans l'évolution de la Grammaire générale*, Paris, PUF., 1928.

Sainte-Beuve, Charles-Augustin, *Port-Royal*(1840-1860), Paris, Gallimard, 1954.

Salmon, Vivian, "Review of Cartesian linguistics," *Journal of linguistics* 5-6, 1969-1970, 165-187쪽.

Tell, Julien, *Les grammairiens français*(1520-1874), Geneva, Slatkine, 1967.

Zimmer, Karl, "Review of cartesian linguistics," *International journal of American Linguistics* 33-34(1967-1968), 290-303쪽.

문법이란 말하는 기술이다. 말한다는 것은 인간이 의도적으로 만들어낸 기호를 사용하여 자기의 생각을 설명하는 것이다. 말하는 데 필요한 가장 편리한 기호는 소리와 음성이라는 사실을 알게 되었지만 이들 소리는 사라져버리기 때문에, 그것을 눈에 보이고 지속될 수 있도록 하기 위해서 사람들은 다른 기호를 만들었다. 그것이 문자이다. 그리스인들은 이것을 γράμματα라고 부르며, 여기에서 〈문법 grammaire〉이라는 말이 유래한다.

따라서 이들 기호 안에서 두 가지 사항을 검토할 수 있다. 첫번째 사항은 소리와 문자의 본질에 대한 것이다. 두번째 사항은 그것의 의미로써, 인간이 그들의 사고를 표현하기 위해서 기호를 사용하는 방법에 관한 것이다. 이 문법책의 1부에서 첫번째 사항을 다루고, 2부에서 두번째 사항을 다룰 것이다.

서문

선택에 의해서라기보다는 우연의 일치로 해서, 다양한 언어의 문법을 연구하게 되었던 나는[1] 모든 언어에 공통적이거나 몇몇 언어에만 독특한 몇 가지 사항들에 대한 이치를 자연히 연구하게 되었다. 그러나 나는 이따금 어려운 점을 발견해서 중단했으므로, 한 친구를[2] 만나서 그 점을 호소하였다. 그런데 그는 전혀 이러한 분야의 학문에 종사해 보지 않았기 때문에, 나의 의혹을 풀어줄 만한 커다란 창구가 될 수 없었다. 그래서 나의 질문 자체를 가지고, 말하는 기술의 진정한 기초에 대해 여러 가지로 깊이 생각하게 되었다. 그 친구와 그 기술에 대해 대화하면서 나는 그 말하는 기술의 기초들이 너무도 연관성이 있다는 것을 알았다. 고대 문법이나 신문법에서 이 주제에 관해서 더 호기심을 갖

---

1) 랑슬로
2) 아르노

27

게 하거나 더 정확한 것은 아무것도 찾아내지 못했기 때문에, 나는 의식적으로 그 문제를 잊어버리도록 했다. 그는 내게 여전히 호의를 보여주어서, 한가한 시간에 내게 말하는 기술의 기초에 대해 받아쓰게 하였다. 이렇게 그것을 한데 모으고, 순서를 바로 잡아서, 나는 그것으로 이 작은 책자를 만들었다. 논증 서적을 높이 평가하는 사람들은 아마도 이 책에서 만족할 만한 무엇인가를 발견하고 그 주제를 경시하지 않게 될 것이다. 인간이 가지고 있는 가장 커다란 이기 중의 하나가 언어라면, 이 이기를 인간에 맞도록 아주 완벽하게 사용하는 것을 무시할 수 없기 때문이다. 인간은 그것을 사용할 뿐만 아니라, 그것에 대한 이치를 깊이 파고들어서, 다른 사람들이 다만 습관적으로 하는 것을 학문으로 연구한다.

제1부

철자와

문자에 대해 말하다

제1부

문학이란 무엇인가

제 *1* 장

▌소리로서의 철자, 그리고 첫번째로 모음 ▌

우리가 말하는 데 사용하고, 또 철자라고 부르는 다양한 소리는 아주 자연스러운 방법으로 발견되었으며, 따라서 관찰해 볼 필요가 있다.

입은 소리를 만드는 기관이므로, 아주 단순한 소리들은 구별되고 알아듣게 하기 위해서는 입을 다만 벌리기만 하면 된다는 것을 알았다. 우리는 이 소리들을 〈모음〉이라고 불렀다.

그리고 또다른 소리가 있었다는 것을 알았는데, 이것은 이, 입술, 혀, 입천장과 같은 입의 어떤 부분을 특별히 사용하여야 하기 때문에, 첫번째 소리와 결합해서만 완전한 소리를 만들 수 있었다. 그래서 우리는 이 소리들을 〈자음〉이라고 부른다.

보통은 모음을 다섯 개 a, e, i, o, u로 생각한다. 그러나 각각의 이 모음들이 길이가 짧거나 길어질 수가 있어서, 이것은 소리에서 상당히 큰 변화를 야기한다. 이러한 경우 이외에도, 단순한 소리들의 차이를 검토해 보면, 입이 다양하게 열리는 정도에 따라, 앞의 다섯 모음에 넷 또는 다섯 개의 모음을 더 추가할 수 있을 것이다. 개모음 e와 폐모음 e[1]는 상당히 다른 두 소리로, mer(바다), abîmer(상하게 하다)와 netteté(뚜렷함), serré(억눌린)에서 첫번째와 마지막 e는 두 개의 서로 다른 모음이 된다.

그리고 côte(갈비뼈)와 cotte(긴 웃옷), hôte(주인)와 hotte(채롱)에서 개모음 o와 폐모음 o[2]도 마찬가지이다. 왜냐하면 개모음 e와 o가 장모음의 상태를 유지하고 폐모음 e와 o가 단모음 상태를 유지한다고 하더라도, 이 두 모음들은 길이의 장단에 의해서 변화하는 것보다 a와 i처럼 입의 개폐에 의해서 더 많이 변화하기 때문이다. 그리스인들이 나머지 다른 세 모음보다는, 이 두 모음에 각각 두 가지 형태를 만들어낸 여러 이유들 중 하나가 바로 이것이다.

게다가 과거의 라틴 민족들, 그리고 이탈리아인들과 스페인인들이 아직도 그렇게 하는 것처럼, ou로 발음되는 u는 그리스인들이 발음했던 것과 프랑스인들이 현재[17세기] 발음하는 u와는 상당히 다른 소리이다.

eu는 feu(불), peu(조금)에서처럼 문자로는 두 개의 모음으로 표기되었지만, 소리로는 여전히 단모음이다.

끝으로 무음의 e 또는 여성형 어미가 있는데, 이 소리는 본래 scamnum(발판)에서처럼 자음 뒤에 바로 다른 자음이 뒤따를 때

---

1) (역주) 오늘날에는 개모음은 ε로, 폐모음은 e로 구별해서 표기한다.
2) (역주) 오늘날에는 개모음은 ɔ로, 폐모음은 o로 구별해서 표기한다.

와 같이, 자음을 모음 없이 발음하려고 할 때, 자음에 붙이는 무성음에 지나지 않는다. 이것이 바로 유대인들이 특히, 이것으로 음절이 시작될 때, 슈와 scheva라고 부르는 것이다. 그래서 이 슈와를 표기하는 문자가 전혀 없기 때문에, 사람들이 주의를 하지 않는 편이지만, 그래도 모든 언어에 반드시 들어 있는 소리이다. 그러나 독일어와 프랑스어 같은 상용어에서는 이 소리를 모음 e로 표기해서, 다른 소리에 덧붙였다. 게다가 이들 언어에서는 이 여성의 e가 자음과 함께 하나의 음절을 형성하였는데, netteté(뚜렷함), j'aimerai(나는 좋아할 것이다), donnerai(줄 것이다) 등에서 두번째 음절에 해당된다. 몇몇 사람들이 유대인들의 슈와를 발음하면서 이러한 실수를 하긴 해도, 다른 언어에서는 슈와가 이러한 기능을 하지 않았다. 이보다 더욱 주목할 일은, 이 무음의 e가 프랑스어에서 종종 홀로 음절을 형성한다거나 혹은 vie(생명), vue(시각), aimée(사랑받는 여인)에서와 같이 반음절을 만든다는 사실이다.

그러므로, 같은 소리의 모음들이 장단에 의해서 만들어내는 차이를 고려하지 않고도, 철자가 아닌 단모음만을 염두에 두면서 열 개의 소리까지 구별할 수 있을 것이다. a, è, é, i, o, ô, eu, ou, u와 무음 e인데, 여기에서 우리는 이들 소리가 개구도가 가장 큰 것에서부터 가장 작은 것으로 발음되는 것을 알 수 있다.

제 2 장

▌자음 ▌

우리가 모음에 관해서 고찰했던 것을 자음에 관해서도 그대로 고찰하고, 중요한 언어들에서 사용되고 있는 단음만을 고려하면, 다음 쪽의 도표에는 자음들만이 있다는 것을 알게 된다. 여기에서 설명이 필요한 것은 숫자로 표시하여서 아래 본문을 참조하도록 하였다.

1 다게슈 레네 dagesch lene라고 부르는 점과 함께

2 이 φ는 예전에는 기식음이 더 많았지만, 오늘날에는 여전히 라틴어의 f처럼 발음된다.

3 이것은 pe에 점이 없을 때, 그것으로 음절이 끝날 때와 같이 유대인들이 pe를 발음하는 것과 같다.

4 이것은 아이올로스인 Eoliens들의 digamma의 모양으로 gam-

라틴어와 통상어	그리스어	헤브라이어
B. b,	B. β,	בּ [1] Beth
P. p,	Π. π,	פ Pe
F. f,[2] ph,	Φ. φ,	3
V. v[u], 자음,	Ⅎ, [4]	5
C. c,[6]	K. κ,	כּ Caph
G. g,[7]	Γ. Υ,	ג Ghimel
j[i], 자음,	★	י Iod
D. d,	Δ. δ,	ד Daleth
T. t,	T. τ,	ט Teth
R. r,	P. ρ,	ר Resch
L. l,	Λ. λ,	ל Lamed
ill.[8]	★	★
M. m,	M. μ,	מ Mem.
N. n,	N. ν,	נ Noum.
gn.[9]		
S. s,	Σ. σ,	ס Samech.
Z. z,	Z. ζ,[10]	ז Zaïn.
CH. ch,[11]		ש Schin.
H. h,[12]	˙[13]	ה[14] Heth.

ma 두 개의 모양과 같았는데, 대문자 f와 구별하기 위해서 거꾸로 뒤집었다. 그리고 이 digamma는 자음 u의 소리를 나타냈다.

5 이것으로 음절이 끝날 때는 beth와 같다.

6 항상 a, o, u의 앞에 있는 것처럼, 즉 k처럼 발음된다.

7 항상 a, o, u의 앞에 있는 것처럼 발음된다.

8 fille에 있는 ll처럼. 스페인인들은 llamar, llorar와 같은 단어를 시작할 때 사용한다. 이탈리아인들은 gl로 이것을 나타낸다.

9 유음의 n을 스페인인들은 ñ로 표기하고, 프랑스인들은 이탈리아인들처럼 gn으로 나타낸다.

10 오늘날 발음하는 것과 같다. 예전에는 이것을 δσ로 발음했다.

11 프랑스어에서 chose(사물), cher(사랑하는), chu(떨어진)에 있는 것을 발음하는 것과 같다.

12 hauteur(크기), honte(수치)에서처럼 기식음으로 발음한다. honneur(명예), homme(사람)에서처럼 전혀 기식음으로 발음하지 않는 단어에서는 소리가 아니고 문자에 해당될 뿐이다.

13 그리스인들의 기식음. 예전에 그들은 이 대신에 êta H를 사용했으며, 라틴 민족은 여기에서 h를 취했다.

14 본래의 이 소리에 의하면, 이것은 기식음이다.

(헤브라이어 중에서 aïn에 있는 기식음과 같은) 또다른 단음이 있는데, 이것은 발음하기가 너무 어려워 언어에서 보통 사용하는 철자로 간주할 수 없다.

이들은 헤브라이어, 그리스어, 라틴어와 상용어들의 알파벳 안에 들어 있는 다른 모든 소리들은 전혀 단음이 아니라는 것을 쉽게 알 수 있으며, 그것은 표시된 몇몇 소리와 관계가 있다.

헤브라이어의 네 개의 후음 중에서, 예전에는 alephe가 a, he는 e, aïn은 o의 값이었다는 것은 확실하다. 이 사실은 그리스어의 알파벳 순서로 알 수 있다. 그리스어 알파벳은 τ에 이르기까지 페니키아어의 알파벳에서 취해왔기 때문에, heth만이 엄밀하게 기식음이었다.

오늘날에는 alephe가 문자로 표기되는 데에만 사용되어, 이것에 덧붙여지는 모음 이외의 다른 소리는 없다.

he에도 그 이상의 소리가 없으며, 기껏해야 heth의 소리와 구별될 뿐인데, 어떤 사람은 he만을 기식음으로 여겨서 heth를 k, keth로 발음하지만, 하나는 약한 기식음이고 다른 하나는 더 강한 기식음이기 때문에 구별된다.

어떤 사람들은 aïn으로 코와 목구멍에서 기식음을 만든다. 그러나 모든 동양의 유대인들은 전혀 이것을 소리내지 않고 aleph까지도 발음하지 않는다. 다른 사람들은 이것을 유음 ñ처럼 발음한다.

thau와 teth는 똑같은 소리로 발음하거나, 혹은 하나만이 기식음을 동반하고, 다른 하나는 기식음을 동반하지 않고 발음되기 때문에 구별된다. 따라서 두 소리 중에 하나는 단음이 아니다.

caph와 coph도 마찬가지이다.

tsade도 역시 단음이 아니지만, t와 s의 값을 가진다.

그리스어 알파벳에서도 마찬가지로, 세 유기음 φ, χ, θ는 단음이 아니며, π, χ, τ에 기식음을 동반한 복합음이다.

세 이중음인 ζ, ξ, ψ는 분명히 ds, cs, ps를 간략하게 글자로 쓴 것에 지나지 않는다.

라틴어의 x도 마찬가지로, 이것은 그리스어의 ξ에 지나지 않는다.

q와 k는 자연스러운 소리로 발음된 c일 뿐이다.

북부의 언어들에서 w는 로마어의 u에 해당되는데, 다시 말해서 winum, vinum에서처럼 모음이 뒤따르면 ou이고, 자음이 뒤따르면 자음 u이다.

제 3 장

▋음절 ▋

음절은 때로는 단 하나의 문자로 이루어진 완전음이기도 하지만, 보통은 여러 개의 문자로 이루어져 있다. 여기서 음절, συλλαβή, 조합 comprehensio, 결합 assemblage이라는 명칭이 붙었다.

모음 하나로도 한 음절을 만들 수 있다.

두 개의 모음도 역시 한 음절을 구성하거나, 같은 음절 속에 들어갈 수 있다. 그러나 이때에는 이것을 이중 모음이라고 부르는데, 두 소리가 mien(나의 것), hier(어제), ayant(avoir[가지다]의 현재 분사형), eau(물)처럼 완전음으로 만나기 때문이다.

대부분의 이중 모음은 라틴어의 보통 발음에서 사라져 버렸다. æ와 œ가 더 이상 두 모음으로 발음되지 않고 e처럼 발음되기 때문이다. 그러나 이들 발음은 그리스어에서 발음을 잘하는 사람들에게서는 여전히 유지되고 있다.

상용어에서는, 때때로 두 개의 모음이 eu처럼, 또 프랑스어의 œ, au처럼 단음만을 만들기도 한다. 그렇지만 두 모음이 ayant (가진)에서 ai, fouet(채찍)에서 oue, foi(믿음)에서 oi, mien(나의 것), premier(첫번째)에서 ie, beau(아름다운)에서 eau, Dieu(주님) 에서 ieu처럼 진정으로 이중 모음을 나타내고 있다. 여기에서 마지막 두 모음은 일부 사람들이 말하는 것처럼 삼중 모음이 아닌데, eu와 au는 소리에서 단순한 한 개의 모음이며 두 개의 모음이 아니기 때문이다.

자음만으로는 음절을 구성할 수 없다. 자음이 모음이나 이중 모음의 앞에 오거나 뒤에 와서 이들을 동반해야 한다. 그 이유는 제1장에서 다루었다.

그렇지만 몇 개의 자음이 연이어서 같은 음절을 이룰 수가 있다. 그 결과로 때로는 scrobs에서처럼 모음 뒤에 둘, 모음 앞에 셋까지, 그리고 때로는 stirps처럼 모음 앞에 둘, 모음 뒤에 세 개의 자음이 올 수 있다. 헤브라이어에는 음절 첫머리에 절대로 두 개 이상의 자음이 오지 않으며, 끝에도 마찬가지이다. 그리고 모든 음절은 자음으로 시작되며, aleph를 한 자음으로 계산하고, 절대로 한 음절에는 한 개 이상의 모음이 포함되지 않는다.

제 4 장

▌소리로서의 단어, 강세에 대해서 논함 ▌

우리는 아직 단어를 의미에 따라서 논하지 않고, 다만 소리의 측면에서 해당되는 사항을 언급한다.

독립적으로 발음되는 것과 독립적으로 씌어진 것을 단어라고 부른다. 단어에는 한 음절로 이루어진 것이 있다. moi(나), da(암, 그렇군), tu(너), saint(성인)과 같은 것이고, 이것을 단음절어라고 부른다. 그리고 père(아버지), dominus(주님), miséricordieusement (자비롭게), Constantinopolitanorum(이스탄불)에서와 같이 몇 개의 음절로 이루어진 단어들이 있는데, 이것은 다음절어라고 부른다.

단어를 발음하는 데 있어서 가장 주목할 사실은 강세이다. 이것은 단어의 여러 음절 가운데 한 음절을 높은 목소리로 발음하고, 그 뒤에서는 반드시 목소리를 낮추는 것이다.

목소리를 높이는 것을 고음 강세라고 하며, 목소리를 낮추는 것은 저음 강세라고 한다. 그러나 그리스어와 라틴어에는 어떤 장음절에서 목소리를 높였다가 다시 낮추는 일이 있으므로, 그들은 세번째 강세를 만들었다. 그것을 고저음 강세라고 불렀다. 처음에는 이것을 ^로 표기했다가, 다음에는 ˜로, 그리고 나중에는 둘 모두를 포함시켰다.

우리는 『그리스어와 라틴어의 새로운 방법』이라는 저서에서 그리스인들과 라틴 민족들이 사용하는 강세에 대해 언급한 것을 볼 수 있다.

유대인들에게는 예전에 그들의 음악에서 사용하였다고 생각되는 강세 부호가 많이 있는데, 그중의 몇은 오늘날 우리의 마침표, 쉼표와 똑같이 사용된다.

그러나 그들이 자연적이라고 부르고 문법적이라고 하는 강세는 언제나 단어의 마지막 음절 또는 끝에서 두번째 음절 위에 있다. 앞에서 다루었던 강세는 수사학적 강세라고 부른다. 이것은 문법적 강세가 마지막 두 음절 중에 하나 위에 오는 것과 상관이 없다. 여기에서도 단계를 구별해 주는 atnach과 silluk처럼 같은 모양의 강세 부호가 동시에 자연적 강세를 나타내게 하지 않는다는 사실을 주목해야 한다.

제 5 장

▌ 문자로 간주되는 철자 ▌

우리는 철자를 문자로 나타내지 않았기 때문에, 지금까지 철자에 대해서 말할 수 없었다. 그러나 그럼에도 불구하고 우리는 철자를 문자로 간주하지 않았다. 다시 말해서 문자가 소리와 가지고 있는 관계에 따라서 고찰하지 않았다.

우리는 인간들이 생각을 나타내는 기호로 소리를 택했으며, 또한 이 소리를 나타내는 기호로 어떤 형상을 만들어냈다고 이미 앞에서 주장하였다. 그러나 아무리 이러한 형상이나 문자가 그것의 최초의 제도에 따라 직접 소리만을 의미한다 하더라도, 인간들은 종종 문자에 대한 그들의 생각을 소리로 나타낸 사물 자체에 옮겨놓는다. 이로써 문자를 두 가지 방법에서 고찰할 수 있는데, 단순하게 소리를 나타내는 것으로, 혹은 소리가 나타내는 것을 우리가 생각해 내는 데 도움을 주는 것으로 고찰할 수 있다.

문자를 첫번째 방법으로 완벽하게 고찰하려면, 다음의 네 가지 사항을 관찰해야만 했다.

1 모든 형상은 어떤 소리를 나타내었다는 것, 즉 발음되지 않는 것은 아무것도 표기되지 않았다.

2 모든 소리는 어떤 형상으로 나타내었다는 것, 즉 표기되지 않은 것은 아무것도 발음되지 않았다.

3 각각의 형상은 단음이거나 이중음이거나 하나의 소리만을 나타내었다. 이중 철자가 있었던 것은 문자의 완벽성에 해가 되지 않으며, 그것은 철자를 단축시키면서 문자를 쉽게 만들기 때문이다.

4 같은 소리는 절대로 다른 형상으로 표기되지 않는다.

그러나 문자를 두번째 방법으로, 다시 말해서 소리가 나타내는 것을 우리가 생각해 내는 데 도움을 주는 것으로 고려하면, 위의 규칙들이 항상 지켜지지는 않는 것, 적어도 첫번째와 마지막 규칙은 지켜지지 않는 것이 때로는 유리하기도 하다.

특히 다른 언어에서 파생된 언어에서는 대개 전혀 발음되지 않는 철자들이 있어서 소리에는 쓸모가 없는데, 이러한 철자들은 단어가 뜻하는 것을 우리가 이해하는 데 도움을 준다. 예를 들면 champs(들판)과 chants(노래)이라는 단어에서 p와 t는 전혀 발음되지 않는다. 그렇지만 이것은 의미를 위해서 필요하다. 이로부터 첫번째 단어는 라틴어 campi에서, 두번째는 라틴어 cantus에서 유래한다는 것을 알 수 있다.

헤브라이어에서도 하나는 aleph로 끝나고, 다른 것은 전혀 발음되지 않는 he로 끝나기 때문에 구별되는 단어들이 있다. 두려워하다라는 뜻의 אֵרֵ와 던지다라는 뜻의 חֵרֵ가 그것이다.

따라서 발음되는 것하고 문자로 쓰는 것이 다르다고 불평하는 사람들이 항상 옳지는 않으며, 그들이 악습이라고 부르는 것이 때로는 유용하기도 하다.

대문자와 소문자의 차이도, 같은 소리는 항상 같은 형상으로 표기되어야 한다는 네번째 규칙에 어긋나는 것처럼 보인다. 사실 대문자와 소문자가 똑같은 소리를 나타내기 때문에, 문자를 소리의 표기를 위한 것으로만 간주한다면 이 구별은 완전히 쓸모가 없다. 그래서 고대인들은 이러한 차이점을 알지 못했다. 마찬가지로 유대인들에게도 전혀 그러한 차이점이 나타나 있지 않다. 그래서 어떤 사람들은 그리스인들과 로마인들이 오랫동안 대문자로만 써왔다고 생각했다. 그렇지만 이러한 구별은 문장을 시작하고 고유 명사를 다른 것과 구별하는 데 있어서 매우 유용하다.

라틴어와 몇몇 상용어를 인쇄하는 데 로만체 활자와 이탤릭체 활자가 있는 것처럼, 같은 언어에도 다른 종류의 문자가 있다, 이것은 비록 발음에서는 아무 변화가 없다고 해도, 어떤 단어나 어떤 문장을 구별되게 함으로써 의미에 유용하게 사용될 수 있다.

이상이 발음과 문자 사이에 나타나는 차이점을 정당화시키기 위해서 제시할 수 있는 것들이다. 그러나 이중의 몇 가지 예는 별다른 이유 없이 언어에 스며든 왜곡 현상으로 인해 생겨날 수밖에 없었다. e와 i 앞에서 c를 s로 발음하는 것[3]은 잘못된 것이

---

3) (역주) 프랑스어의 c는 보통 cahier(공책), cours(강의)에서처럼 k로 발음되지만, cerveau(뇌), cinéma(영화)에서와 같이 e나 i 앞에서는 s로 발음된다.

기 때문이다. 또 e와 i 앞에서 g를 다른 모음 앞에서와 다르게 발음하는 것,[4] 두 모음 사이에서 s를 연음하는 것,[5] gratia(은혜), actio, action(행위)과 같이 뒤에 다른 모음이 있는 i 앞에서 t를 s로 발음하는 것은 모두 다 잘못된 것이다. 따라서 『라틴어의 새로운 방법』의 철자 개론 부분에서 설명한 것을 이해할 수 있다

어떤 사람들은 라뮈스Ramus[6]가 프랑스어를 위한 『문법』에서 한 것처럼, 상용어에서 새로운 문자를 만들어 이러한 결점을 보완할 수 있을 것이라고 생각하였다. 그는 전혀 발음되지 않는 문자는 없애버리고, e와 i 앞에서 c 대신에 s를 쓰면서 각각의 소리를 그 발음에 알맞는 문자로 표기했다. 그러나 이들은 그것이 상용어에는 종종 이롭지 못할 것이라는 사실 이외에도, 우리가 앞서 언급한 이유들 때문에 불가능한 사항을 시도했다는 사실을 알아야만 했다. 국민 전체에게 그들이 오래전부터 익숙해 있던 많은 문자를 바꾸도록 하는 것이 쉽다고 생각해서는 안 되기 때문이다. 클로드Claude 황제[7]도 자신이 사용하기를 원했던 글자를

---

4) (역주) 프랑스어의 g도 c처럼, 모음 e와 i 앞에 올 때와 그 이외의 다른 모음 앞에 올 때의 발음이 다르다. 따라서 genou(무릎), girafe(기린)은 ʒ로 발음하고 gant(장갑)이나 gosse(아이)는 g로 발음한다.

5) (역주) 프랑스어 fusil(총)에서 두 모음 사이에 있는 s는 s가 아닌 z로 발음된다.

6) (역주) 프랑스의 인문학자이자, 철학자이며 수학자(1515-1572). 스콜라 학파에 반대하여 그는 아리스토텔레스에 대항하는 두 가지 저서를 내놓았는데, 이것으로 소르본 학파와 대립하였다. 그러나 그는 최초로 콜레주 드 루아얄(콜레주 드 프랑스 전신)의 수학 교수가 되었다. 그는 저서에서 부정사의 수에 대해서 언급하였다.

7) (역주) 로마 시대의 황제(B. C. 10-54). 드루수스의 아들이며 티베르

끌어들이는 데 성공할 수 없었다.

　가장 합리적으로 할 수 있는 일이란, 이미 시작한 것처럼 발음에도 의미에도 언어의 유추에도 아무짝에도 쓸모 없는 문자들을 삭제하는 것이다. 그리고 쓸모 있는 문자는 보존하면서, 거기에다 전혀 발음되지 않는 것을 알리거나 같은 문자의 다양한 발음을 알게 하기 위해서 작은 표시를 하는 것이다. 문자의 밑이나 안에 표시한 작은 점이 temps(시간)에서처럼 전혀 발음되지 않는다는 표시로 사용될 수 있다. c에는 이미 ç 표시가 있는데, 다른 모음 앞에서와 마찬가지로 i와 e 앞에서 사용될 수 있다. g의 꼬리가 완전히 닫히지 않으면, e와 i 앞에 있을 때의 소리를 나타낼 수 있을 것이다. 이것은 오직 예를 들기 위해서 언급하였다.

의 형. 그는 조카 칼리굴라가 죽은 후 황제가 되었으며, 말더듬이었지만, 박식하고 에트루리아 문화의 전문가였다. 연약한 성품과 무책임한 행동으로 부인 메살린느와 시종 나르시스에게 통치권을 넘겨주었다. 재임시에는 로마 제국의 국경을 넓히고 강화하였다.

제 6 장

┃ 모든 종류의 언어로 쉽게 읽기를 가르치는 새로운 방법 ┃

이 방법은 주로 아직 글을 읽을 줄 모르는 사람들과 관계가 있다.

초보적인 수준의 사람이 단순하게 문자를 배우는 일은 확실히 그렇게 어렵지 않다. 그러나 가장 어려운 일은 그 문자들을 결합하는 일이다.

그런데, 이제 그것을 더욱 어렵게 만드는 것은, 각각의 문자에는 그 자모의 명칭이 있어서, 홀로 있을 때와 다른 문자와 결합하였을 때 서로 다르게 발음된다는 것이다. 예를 들어 어린이에게 fry를 결합시켜 보라고 하자. 먼저 그에게 각각의 문자인 에프, 에르, 이그렉(f, r, y에 해당하는 프랑스어 자모 명칭)을 발음하게 한다. 그 뒤에 그 애가 음절 fry의 소리를 만들기 위해서 이 세 소리를 함께 결합시키고자 할 때 그는 반드시 혼란스러워 할 것이다.

따라서 가장 자연스러운 방법은, 주의력이 있는 사람들이 이미 파악했던 것처럼, 읽는 법을 가르쳐주려는 사람들이 먼저 어린이들에게 그들이 사용하는 글자를 발음으로 가르쳐주는 일일 것이다. 그래서 예를 들면 라틴어 읽는 법을 가르치려면, e의 발음을 단순 문자 e나, 이중 문자 æ, oe에도 똑같이 붙여야 하는데, 이들은 모두 같은 방법으로 발음되기 때문이다. i와 y도 마찬가지이다. o와 au도 프랑스에서 오늘날 발음으로는 마찬가지이지만, 이탈리아인들은 au를 이중 모음으로 발음한다.

자음도 어린이들에게 본래의 소리에, 발음하는 데 필요한 무음의 e만을 덧붙여서 명칭으로 가르쳐주었다. 예를 들어 tombe(무덤)의 마지막 음절에서 우리가 발음하는 것을 b의 명칭으로, ronde(원)의 마지막 음절은 d의 명칭으로 삼았다. 그리고 한 가지 소리만이 있는 다른 자음에 대해서도 이와 마찬가지로 하였다.

c, g, t, s와 같이 여러 가지 소리를 나타내는 자음은 가장 자연스럽고 가장 평범한 소리로 명칭을 정했다. c는 que(무엇을)의 소리로, g는 gue의 소리로, t는 forte(힘센)의 마지막 음절의 소리로, s는 bourse(지갑)의 마지막 음절의 소리로 명칭을 정했다.

그 다음에는 음절 ce, ci, ge, gi, tia, tie, tii를 한 자 한 자 더듬더듬 읽지 말고, 따로 발음하도록 어린이들에게 가르칠 것이다. 그리고 두 모음 사이에 있는 s는 z처럼, 그래서 miseria, misère(빈곤)는 mizeria, mizère인 것처럼 발음하는 것을 어린이들에게 들려준다.

이것이 읽기를 가르치는 새로운 방법에 대한 가장 일반적인 고찰이다. 이 방법은 확실히 어린이들에게 매우 유용할 것이다.

그러나 이 방법이 완성되기 위해서는 모든 언어에 이 방법을 적용시키는 데 필요한 지적이 담긴 작은 개론서를 따로 만들어야만 할 것이다.

제2부

다양한 형태의 단어 의미가 근거하고 있는

여러 가지 원칙과 이유들을 다루다

제 1 장

문법의 기초를 이해하려면 우리 정신 안에서 일어나는 일에 대해 알아야 한다. 이것으로부터 문장을 구성하는 단어의 다양성이 설명된다

지금까지 우리는 언어에서 물질적인 면만을 고찰하였는데, 그것은 바로 인간과 앵무새가 적어도 공통적으로 내는 소리에 대한 것이다.

이제 언어에서 정신적인 면을 검토할 일이 남았다. 이것은 모든 동물들 가운데서 인간을 우위에 놓는 가장 커다란 이점 중의 하나이며, 또 인간에게 이성이 있다는 가장 뚜렷한 증거 중의 하나이기도 하다. 우리는 생각을 표현하기 위해서 언어를 사용하며, 또 25개나 30개의 소리를 결합하여 무한하게 다양한 단어를 만들어내는 신기한 창조물이다. 단어들 자체는 머리 속에서 일어나는 것과 전혀 유사한 점이 없기 때문에 다른 사람들에게 그 모든 비밀을 드러내지 못하며, 그것에 접근할 수 없는 사람들에게는 우리가 생각하는 모든 것과 정신의 여러 다양한 움직임을 이해시킬 수 없는 것이다.

이렇게 인간은 그들의 사고를 표현하기 위해서, 〈분절되고 구별되는 소리〉로 정의할 수 있는 단어로 기호를 만들었다.

바로 이러한 이유로 단어 속에 포함된 다양한 종류의 의미를 잘 이해할 수 없는 것이다. 또 단어가 우리의 생각을 알리기 위해 만들어졌기 때문에, 우리의 생각 속에서 일어나는 일을 전에는 잘 이해하지 못하는 것이다.

철학자들은 모두 우리의 머리 속에서 세 가지 작업이 일어난다고 하는데, 그것은 생각하고 concevoir, 판단하며 juger, 추론하는 raisonner 것이다

생각한다는 것은 사물을 의식적으로 단순하게 바라보는 것인데, 이때에 내가 어떤 존재, 기간, 생각, 신을 알 때처럼 순수하게 지적인 방법을 이용한다든가, 혹은 사각형, 원, 개, 말을 상상할 때처럼 형태의 영상을 이용한다.

판단한다는 것은 우리가 생각한 어떤 사물이 그렇다거나 그렇지 않다는 것을 인정하는 것이다. 〈지구〉가 무엇이라는 것과 〈둥근 형태〉가 어떻다는 것을 생각하고 나서, 내가 〈지구〉에 대해서 〈그것은 둥글다〉라고 인정하는 것과 같다.

추론한다는 것은 두 가지 판단을 이용해서 세번째 판단을 내리는 것이다. 모든 미덕은 칭송할 만하며 인내는 미덕이라고 판단한 후, 인내는 칭송할 만하다고 결론을 내리는 것과 같다.

여기에서 정신의 세번째 작업은 두번째 작업의 연장에 지나지 않음을 알 수 있다. 따라서 우리의 주제에서는 첫번째 두 작업이

나, 두번째 작업 안에 첫번째 것이 들어가 있는 것을 고찰하는 것으로 충분하다. 인간은 그가 생각한 것을 단순하게 표현하기 위해서는 말하지 않고, 그가 생각한 사항에 대해서 내린 판단을 표현하기 위해서만 거의 언제나 말을 하는 것이다.

내가 〈지구는 둥글다 la terre est ronde〉라고 말할 때처럼 우리가 사물에 대해서 내리는 판단을 명제라고 부른다. 따라서 모든 명제는 반드시 두 항을 포함하고 있다. 하나는 〈주어〉라고 부르는데, terre처럼 우리가 그것에 대해서 인정하는 것이다. 다른 하나는 〈속사〉라고 부르며, ronde처럼 우리가 인정하는 사항이다. 이것 이외에도 두 항 사이를 연결하는 est가 있다.

그런데 두 항은 엄밀하게 정신의 첫번째 작업에 속한다는 것을 쉽게 알 수 있다. 이것이 바로 우리가 생각하는 것이며, 우리 생각의 대상물이기 때문이다. 그리고 연결어는 두번째 작업에 속하는데, 이것은 정확하게 우리 정신의 행위이며 우리가 생각하는 방법이다.

따라서 우리의 머리 속에서 일어나는 일을 크게 나누어보면, 우리가 생각하는 대상과 형태 또는 방법을 고려할 수 있는데, 이때에 적용하는 원칙은 판단이다. 그러나 거기에 접속사, 분리사와 우리 정신에서 행해지는 다른 유사한 작업들, 그리고 욕망, 명령, 의문, 등과 같은 우리 영혼의 다른 모든 움직임을 더 덧붙여야만 할 것이다.

인간은 그의 정신 속에서 일어나는 모든 것을 나타내기 위해서 기호가 필요하기 때문에, 단어를 가장 일반적으로 구별하여야만 한다. 어떤 단어들은 생각의 대상물을 의미하거나, 다른 단어들은 우리들 생각의 형태와 방법을 의미하기도 한다. 앞으로 알

게 되겠지만, 대개는 이 단어들이 우리 생각의 방법과 형태만을
따로 의미하지 않고, 대상물과 함께 그 의미를 나타내게 된다.

첫번째 종류에 속하는 단어들은 명사, 관사, 대명사, 분사, 전
치사와 부사들이다. 두번째 종류에 속하는 것은 동사, 접속사, 감
탄사들이다. 이들은 필요에 따라서 우리의 생각을 표현하는 자연
스러운 방법으로부터 모두 뽑아낸 것이다.

제 2 장

▮ 명사, 그리고 첫번째로 실사와 형용사 ▮

우리 생각의 대상물은 사물이거나 사물이 나타내는 양태이다. 사물은 지구, 태양, 물, 나무와 같은 것으로, 우리는 보통 이것을 실사substance라고 부른다. 사물의 양태는 둥글다, 빨갛다, 단단하다, 박식하다 등으로, 우리는 이것을 부수사accident라고 부른다.

그런데, 사물 또는 실사와 사물의 양태 또는 부수사 사이에는 차이점이 있다. 실사는 그 스스로 존속하지만, 부수사는 실사에 의해서만 존속한다.

바로 이 점 때문에, 생각의 대상을 의미하는 명사들 사이에 중요한 차이점이 만들어진다. 실사를 의미하는 단어들은 실사 명사라고 불렀고, 주어를 표시하면서 그 주어에 합당한 부수사를 의미하는 단어는 형용사라고 불렀기 때문이다.

이것이 실사 명사와 형용사에 대한 최초의 기원이다. 그러나 우리는 거기에 머물러 있지 않았으며, 그래서 의미보다는 의미하는 방법에 더욱 관심을 가지게 되었다. 실사는 그 자체로 존속하기 때문에, 문장에서 부수적인 사항을 뜻한다 하더라도 다른 명사를 필요로 하지 않는 모든 것을 실사 명사로 불렀기 때문이다. 그리고 이와 반대로 실사를 의미하는 단어들조차도, 문장 안에서 그 의미하는 방법 때문에 다른 명사에 결합되어야만 할 때는 형용사라고 불렀다.

그런데 명사를 홀로 존속할 수 없게 만드는 것은, 구별되는 의미 이외에도 막연한 의미가 있기 때문이다. 이것은 구별되는 의미로 나타낸 것에 부합되는 사물이 가지는 암시적 의미 connotation라고 부를 수 있다.

〈빨간〉의 구별되는 의미는 〈빨강〉이다. 그러나 이것은 빨강이라는 주어를 막연하게 나타낼 뿐이다. 이로써 이 단어는 문장 안에 주어를 의미하는 단어를 표현하거나 암시하여야 하기 때문에, 절대로 홀로 존속하지 않는다.

그런데 이러한 암시적 의미가 형용사를 나타내기 때문에, 부수적인 사항을 의미하는 단어에서 그것을 제거하고 coloré(색깔을 띤)에서 couleur(색깔), rouge(빨간)에서 rougeur(빨강), dur(굳은)에서 dureté(굳기), prudent(신중한)에서 prudence(신중함)가 되듯이 실사가 만들어진다.

그리고 이와 반대로 실체를 의미하는 단어에 이 실체가 관계되는 사물이 나타내는 암시적 의미나 막연한 의미를 덧붙일 때는, homme(인간)에서 humain(인간의), genre humain(인간의 종류：인류), vertu humain(인간의 덕성：인덕)처럼 형용사가 된다.

그리스어와 라틴어에는 이러한 단어들이 fereus(철의), aureus

(금의), bovinus(소의), vitulinus(송아지의) 등으로 무수히 많다.

그러나 헤브라이어, 프랑스어, 그리고 다른 상용어에는 이러한 단어들의 수가 훨씬 적다. 프랑스어는 이러한 현상이 d'or(금의), de fer(철의), de boeuf(소의)에서처럼 de를 사용하는 것으로 설명되기 때문이다.

만일 실체를 나타내는 명사에서 형성된 이들 형용사에서 암시적 의미를 제거하면, 또다시 새로운 실사가 형성되는데, 이것을 추상적 실사 또는 분리된 실사라고 부른다. 따라서 homme(인간)로부터 humain(인간의)을 만들고 난 후에, 다시 humain으로부터 humanité(인류)를 만드는 경우이다.

그러나 실제로는 그것이 형용사라고 하더라도, 그것이 비본질적인 형태를 의미하고 또한 이 형태에 부합되는 주체를 표시하기 때문에, 실사로 취급해야 할 명사도 있다. roi(왕), philosophe(철학자), peintre(화가), soldat(군인) 등과 같이 인간이 갖고 있는 다양한 직업을 나타내는 명사가 그러하다. 그리고 이들 명사를 실사로 취급하게 되는 것은, 적어도 보통은 인간만을 주어로 취할 수밖에 없기 때문이다. 그리고 명사가 지닌 첫번째 특성에 따라, 거기에 관계되는 실사를 덧붙일 필요가 없었기 때문이다. 사실 그 관계는 다른 어떤 것과도 이루어질 수 없으므로, 혼동의 여지 없이 그 뜻을 거기에 함축시킬 수 있다. 그래서 이 단어들은 실사의 독특한 점을 용법으로 지니게 되었는데, 그것이 바로 문장 안에서 홀로 존속할 수 있다는 점이다.

바로 이와 같은 이유로 어떤 명사나 대명사가 실사로 취급되었다고 말하는데, 이것이 triste lupus stabulis sup. negotium,[8] patria sup. terra,[9] Judaea, sup. provincia[10]와 같이 아주 일반적

인 실사에 관계되어서 쉽고 명확한 의미를 함축하고 있기 때문이다. 『라틴어의 새로운 방법』을 참조하기 바란다.

형용사에는 두 가지 의미가 있어서, 하나는 명확한 의미로 형태를 나타내고, 다른 하나는 모호한 의미로 주어를 가리킨다고 했다. 그러나 이것으로 마치 더 명확한 의미가 가장 직접적인 것처럼 생각해서, 형용사가 주어보다 형태를 더 직접적으로 나타낸다고 결론지어서는 안 된다. 이와 반대로, 문법학자들이 말하는 것처럼 형용사가 더 모호하기는 해도, 더 직접적으로 주어를 나타내는 것이 확실하기 때문이다. 그리고 또 문법학자들이 주장하는 것처럼 형용사는 더 분명하기는 해도 형태를 간접적으로 나타내기 때문이다. 따라서 blanc, candius는 직접적으로 희다는 것을 의미하지만, habens candorem(하얗게 빛나는)은 아주 불분명하여 특히 어떤 것이 하얄 수 있는가를 나타내지 않는다. 그리고 이것은 간접적으로만 희다는 것을 의미하지만, 희다는 단어 자체, candor와 마찬가지로 분명하게 희다는 뜻을 나타내고 있다.

---

5) (역주) triste lupus stabulis(우리에 갇혀 슬픈 늑대)에는 negotium (해야 할 의무)라는 뜻이 숨어 있다.

6) (역주) patria(조국)에는 terra(땅)이란 뜻이 숨어 있다.

7) (역주) Judaea(유대)에는 provincia(속주, 식민지)라는 뜻이 숨어 있나.

제 3 장

▌고유 명사와 총칭 명사 또는 일반 명사 ▌

우리에게는 두 가지의 생각이 있다. 한 가지는 우리에게 특별한 사항을 나타내는 것으로, 각자에게는 자기 어머니와 자기 아버지, 어떤 친구, 자기 말, 자기 개, 자기 자신 등이 있다는 생각과 같다.

다른 하나는, 우리에게 위의 사항이 몇 가지의 유사한 사항으로 나타나는 것으로, 여기에는 나에게도 일반적인 사람, 일반적인 말 등이 있다는 것과 같은 생각이 마찬가지로 여기에 부합될 수 있다.

인간은 이렇게 다른 두 종류의 생각을 나타내는 데 다른 명사가 필요했다.

인간은 특별한 개념에 부합되는 명사를 고유 명사라고 불렀다. 소크라테스라고 불리는 어떤 철학자에게 부합되는 〈소크라테스〉라는 명사와, 파리라는 도시에 부합되는 〈파리〉라는 명사가 이에 해당된다.

그리고 그들은 공통적인 개념을 나타내는 명사를 일반 명사 noms généraux 또는 총칭 명사 noms appellatifs라고 불렀다. 일반적으로 모든 사람들에게 부합되는 homme(인간)라는 단어가 그러하며, lion(사자), chien(개), cheval(말) 등도 마찬가지이다.

피에르 Pierre나 장 Jean처럼 고유 명사가 여러 사람에게 부합되는 경우도 있지만, 이것은 몇 사람이 똑같은 이름을 택한 우연한 사건에 지나지 않는다. 이러한 경우에는 그것을 정해 주는 다른 명사를 거기에 덧붙임으로써 고유 명사 본래의 특징을 갖게 된다. 루이 Louis라는 이름이 몇 사람에게 해당되지만, 루이 14세라고 말하면, 그 당시 지배하던 왕의 고유한 명칭이 된다. 그러나 대개는 문장의 상황으로 어떤 사람에 대해서 말하는가를 알 수 있기 때문에 아무것도 덧붙일 필요가 없다.

제 *4* 장

▌ 단수와 복수 ▐

여러 사물을 지칭하는 일반 명사는 다양한 방법으로 취급될 수 있다.

그 이유는 첫째로 일반 명사에 부합되는 몇 개의 사물 중의 하나에 그것을 적용시키거나, 그 모두를 어떤 단위 속에 넣어 고려할 수도 있는데, 이것을 철학자들은 보편적 단위라고 부른다.

둘째로, 일반 명사를 여러 개로 고려하면서 몇 개 전체에 그것을 적용할 수 있다.

이러한 두 종류의 의미하는 방법을 구별하기 위해서, 사람들은 두 가지 수를 만들었다. homo, homme(사람)와 같은 단수와 homines, hommes 같은 복수이다.

그리고 그리스어와 같은 몇몇 언어에서는, 어떤 명사가 둘로 이루어진 것일 때 쌍수 duel를 사용한다.

헤브라이어에도 마찬가지로 그런 것이 있는데, les yeux(눈), les mains(손), les pieds(발) 등처럼 본질적인 이유에서거나, des meules(맷돌), des ciseaux(가위) 등과 같이 기술적인 이유로 인해서 단어가 두 개의 사항을 뜻할 때만 그러하다.

이로써 고유 명사는 본질상 하나에만 부합되기 때문에 그 자체로는 전혀 복수가 없다고 생각된다. 그런데 고유 명사는 les Césars, les Alexandres, les Platons이라고 말할 때처럼, 고유 명사를 때때로 복수로 놓는 것은, 〈알렉산더 대제와 같이 용맹한 왕들〉, 〈플라톤처럼 박식한 철학자들〉이라고 말하듯이, 고유 명사에 그와 유사한 모든 사람들을 포함시키는 의미로 수사법에 의한 것이다. 그러나 아무리 이러한 예들이 모든 언어에 다 나타난다 하더라도, 본질에 상당히 일치하지 않기 때문에 이렇게 말하는 방법에 동의하지 않는 사람까지도 있다. 그렇지만 이렇게 말하는 법을 완전히 거부하기에는 이미 너무 허용된 것 같다. 다만 이 표현을 절제하여 사용하도록 주의를 기울여야 하겠다.

이와 반대로, 모든 형용사에도 그 본질상 언제나 주어에 대한 어떤 막연한 개념을 포함하고 있기 때문에 복수형이 있어야 한다. 형용사가 실제로는 한 가지에 부합된다고 하더라도, 적어도 의미하는 방법에 있어서는 여러 가지에 어울릴 수 있다는 뜻이다.

공통적이며 총칭적인 실사는, 그 본질상 모두 복수형을 취할 수 있다. 그렇지만 몇 가지 실사는, 단순히 용법에 의해서나, 또는 어떤 종류의 이유에서 전혀 복수형을 취하지 않는 것이 있다. 이렇게 or(금), argent(은), fer(철)와 같은 금속의 명칭은 거의 모든 언어에서 전혀 복수형을 취하지 않는다. 그 이유는, 내가 생각하건대, 금속의 부분들 사이에 있는 유사점이 너무 커서 보통은

각 종류의 금속을 그 밑에 몇 개의 개체를 지닌 한 종류로서가
아닌, 다만 몇 개의 부분만이 있는 전체로 고려하게 되기 때문이
다. 이 점이 프랑스어에 잘 반영되어 있는데, 금속을 단수형으로
나타내기 위하여, de l'or, de l'argent, du fer와 같이 부분 관사
를 첨가하는 것이다. fers처럼 복수로 놓기도 하는 경우에는, fer
라고 불리는 금속의 일부분을 가리키기 위해서가 아니라, 사슬을
의미하기 위해서다. 라틴족들은 æra라고 잘 이야기하는데, 이것
은 동전이나 심벌즈 같이 소리를 내는 악기를 뜻하는 것이다.

제 5 장

▌성 ▐

형용사라는 명칭은 그 본질상 여러 가지에 해당되기 때문에, 문
장의 혼동을 피하기 위해서, 또 변화 있는 어미로 문장을 꾸미기
위해서 형용사가 관계하게 되는 실사에 따라 형용사를 다양하게
만들어야 했다고 판단된다.

그런데 인간은 이를 인간 자신에 대해 우선적으로 고찰했다.
그들 가운데 대단히 중요한 차이인 두 가지 성의 차이에 주목하
고서, 그들은 형용사를 남자에 적용시킬 때와 여자에 적용시킬
때에, 다양한 어미를 붙이면서 같은 형용사를 변화시켰다. 그래
서 bonus vir(훌륭한 남자), bona mulier(훌륭한 여자)와 같이 말
하면서, 그들은 이것을 남성형 genre masculin과 여성형 genre fé-
minin으로 불렀다.

그러나 위의 사항이 훨씬 더 먼저 받아들여졌어야 했다. 같은

형용사가 남자와 여자가 아닌 사람 이외의 다른 것에도 부여될 수 있기 때문에, 이들은 남자와 여자를 위해서 만들어낸 두 가지 어미를 다른 것에도 붙일 수밖에 없었다. 따라서 그들은 다른 모든 실사를 남자와 여자에 비교해서 남성과 여성으로 구별하게 되었다. 때로는 다음과 같은 이유로 구별하였다. 남자의 직무인 왕, 재판관, 철학자(앞서 말한 것처럼, 이들은 원래 실사는 아니다) 등은 남자가 암시되어 있기 때문에 남성에 속하고, 어머니, 부인, 여왕 등은 여자가 암시되어 있기 때문에 여성에 속한다.

다른 때는 특별한 이유 없이 순전히 기분에 따라서 구별하였다. 따라서 단어의 성은 언어에 따라 다르기도 하고, 어떤 언어가 다른 언어로부터 차용해 온 단어들에서까지도 달랐다. arbor(나무)는 라틴어에서 여성이고 arbre는 프랑스어에서는 남성이다. dens(치아)은 라틴어에서 남성이고 dent은 프랑스어에서 여성인 것이 그 예이다.

때로는 같은 언어에서조차도 이것이 시대에 따라 변했다. 프리시앙 Priscien[8]에 따르면 alvus(배, 복부)는 예전에 라틴어에서는 남성이었는데, 후에는 여성이 되었다고 한다. navire(배, 선박)는 프랑스어에서 처음에는 여성이었는데, 나중에는 남성이 되었다.

이러한 용법의 변화는, 같은 단어라도 어떤 사람은 이쪽 성을 취하고, 다른 사람은 저쪽 성을 취하게 되어서 모호하기까지 하다. 라틴어에서는 hic finis(이 끝)로 남성, 또는 hæc finis로 여성

---

8) (역주) 5세기 또는 6세기경의 유명한 라틴어 문법가. 주요 저서는 라틴어의 문법을 체계적으로 설명한 『문법의 기초 Institutio de arte grammatica』이다. 이 저서는 18권으로 이루어졌으며, 그리스어 문법 체계에 따라 기술한 것으로 중세 라틴어 문법 강의의 기초가 되었다.

이 되며, 프랑스어에서는 comté(백작령)와 duché(공작령)의 경우가 그러하다.

그러나 이중의 성이라고 하는 것은 문법가들이 상상하는 것만큼 그렇게 이중적이지는 않다. 그것은 엄밀하게 몇 가지 동물의 명칭에만 들어맞기 때문이다. 이들은 그리스어와 라틴어에서 bos(소), canis(개), sus(돼지)처럼 경우에 따라 수컷이나 암컷을 의미하고자 할 때 남성 형용사나 여성 형용사를 결합시켰다.

문법가들이 이중의 성이라고 이해하는 또다른 것은 원래 형용사인 것을 실사로 취급하는 경우이다. 이것은 보통 문장 속에서 홀로 존속하기 때문이며, victor(승리한 남자)와 victrix(승리한 여자), rex(왕)와 regina(여왕), pistor(빵집 주인)와 pistrix(빵집 여주인)와 같이 서로 다른 성에 부합되는 여러 가지 다른 어미가 없기 때문이다.

여기에서도 또한 문법학자들이 양성 épicène이라고 부르는 것이 전혀 분리된 성이 아니라는 것을 알게 된다. vulpes는 여우의 수컷과 암컷을 의미하지만, 라틴어에서는 이것이 실제로 여성이다. 그리고 마찬가지로 aigle(독수리)도 프랑스어에서는 실제로 여성이다. 이 단어에서 여성 또는 남성이라는 성이 실제로 그 의미를 고려해서가 아니라, 다만 그러한 [문법적] 본성을 말할 뿐이어서, 남성 또는 여성형 어미의 형용사와 결합되어야 한다. 또 라틴어에서 custodioe(경비대, 포로), vigilioe(보초) 등은 남자를 의미하기는 해도, 실제로는 여성이다. 성 문제에 있어서는 바로 이러한 점이 모든 언어에 공통적이다.

그리스어와 라틴어에서는 남성과 여성 이외에, 이것에도 저것에도 속하지 않는, 그들이 중성이라고 부르는 세번째 성을 만들었다. 이것은 이성적으로 사항을 고려하지 않고, 상상적으로 남성이나 여성과 전혀 관계가 없는 사물의 명칭에 중성을 부여함으로써, 다만 어떤 어미의 형태만을 따르게 했을 뿐이다.

제 6 장

▌ 격, 그리고 격을 이해하기 위해서 언급해야 하는 전치사 ▌

여러 사항을 항상 따로따로 분리해서 생각하면, 명사에 지금 막 언급한 두 가지 변화만을 주어야 할 것이다. 다시 말해서 모든 종류의 명사에 수를 표시하고, 형용사에는 성을 표시해야 할 것이다. 그러나 이들을 서로 갖는 다양한 관계로서 종종 관찰해야 하기 때문에, 그러한 관계를 나타내기 위해서 어떤 언어에서 사용하고 있었던 것 중의 하나는 역시 명사에 다양한 어미를 붙이는 것이었다. 그 어미들은 같은 단어의 다양한 종결부로, 그것을 라틴어의 cadere (떨어지다)로부터 유래한 cas(격)이라고 불렀다.

모든 언어들 중에서 아마도 라틴어와 그리스어만이 명사에 정확하게 격이 있다는 것이 사실이다. 그렇지만 또한 대명사에 일종의 격이 있는 언어는 거의 없고, 또 격을 사용하지 않고는 구성 construction이라고 부르는 문장의 언결을 이해할 수 없기 때문에, 그것이 어떤 언어이든 그 언어를 배우려면, 격이 뜻하는 것이 무엇인지 알아야 할 필요가 있다. 바로 이러한 이유로 가능하면 가장 분명하게 우리는 차례차례로 격을 설명할 것이다.

주격

명사가 놓인 단순한 위치가 주격으로, 이것은 엄격하게 격은 아니지만, 격을 만드는 재료에 해당된다고 할 수 있다. 이것으로 명사의 최초의 어미에 다양한 변화를 주어서 격을 형성한다. 주격의 중요한 용법은 절의 주어 역할을 하기 위하여 문장 안에서 모든 동사 앞에 놓이는 것이다. Dominus regit me(주님이 나를 인도하신다), Deus exaudit me(주님이 나의 말을 들어주신다)와 같다.

호격

우리가 말을 거는 사람이나 사물을 마치 그것이 사람인 양 부를 때, 이 명사는 새로운 관계를 갖게 되며, 이것은 때때로 호격이라고 부르는 새로운 어미로 나타난다. 따라서 주격 Dominus(주님)로부터 호격 Domine(주님이여)를, Antonius(안토니우스)로부터 Antoni(안토니우스여)를 만들 수 있다. 그러나 호격이 꼭 필요하지 않은 경우가 있고, 주격을 이러한 용법에도 사용할 수 있었기 때문에, 다음과 같은 주목할 만한 현상이 나타나게 된다.

1 주격과 다른 이 어미는 전혀 복수형이 아니다.
2 단수에서조차도 라틴어의 호격은 두번째 어미 변화에 지나

지 않는다.

3 호격이 더 흔한 그리스어에서도 이 격을 종종 소홀히 하는 경향이 있어서, 그리스어 판 구약 성서 시편에 나타나 있는 것처럼, 호격 대신에 주격을 사용하기도 한다. 여기에서는 성인 바울이 유대인들에게 예수의 신성함을 증명하기 위해서 사도 서한의 말씀을 다음과 같이 인용하고 있다. θρονός σου, ὁ θεός. 여기에서는 ὁ θεός가 호격 대신에 쓰인 주격이다. 그 의미는 〈주님은 당신의 왕권이시다〉가 아니라, 〈당신의 왕권에, 오 주님이시여, 머무실 것이다〉이다.

4 그리고 끝으로 주격을 때때로 호격과 결합시키기도 한다. Domine, Deus meus(나의 주님, 주님이시여). Nate, meoe vires, mea magna potentia solus(국가여, 국민이여, 나의 절대 권력이여). 이 점에 관해서는 『라틴어의 새로운 방법』에서 대명사에 관한 고찰을 참조할 수 있다.

프랑스어와 다른 상용어에서는 관사가 있는 보통 명사의 주격에서 이 관사를 삭제해서 호격을 나타낸다. Le seigneur est mon espérance(주님은 저의 희망입니다). Seigneur, vous êtes mon espérance(주님이시여, 당신은 나의 희망입니다).

속격

격이 있는 언어들에서, 어떤 것이 다른 것에 속하는 관계를 나타내기 위해서 새로운 어미를 명사에 부여하였는데, 이것을 속격이라고 불렀다. 이러한 일반석 관계는 여러 종류로 나양하게 나음과 같이 나타난다.

전체에서 부분으로 : Caput hominis(사람의 머리).

부분에서 전체로 : Homo crassi capitis(단단한 머리의 사람).

주어에서 부가사 또는 속사로 : Color rosæ(장밋빛). Misericordia Dei(주님의 동정).

부가사에서 주어로 : Puer optimoe indolis(가장 탁월한 재능을 가진 어린이).

결과를 낳는 원인에서 결과로 : Opus Dei(주님의 일). Oratio Ciceronis(키케로의 연설).

궁극적인 원인에서 결과로 : Potio soporis(잠에 취함).

결과에서 원인으로 : Creator mundi(세상의 창조자).

재료에서 합성품으로 : Vas auri(금으로 된 항아리).

대상으로부터 우리 영혼의 행위로 : Cogitatio belli(전쟁에 대한 계획), Contemptus mortis(죽음에 대한 경멸).

소유자로부터 피소유물로 : Pecus Meliboei(멜리보에우스산 가축), Divitiae Croesi(크로에수스 왕의 재산).

고유 명사에서 보통 명사로, 또는 개체에서 부류로 : Oppidum Lugduni(리용의 성읍).

그리고 이들 관계에는 대립 관계가 있기 때문에, 때로는 이것 때문에 두 가지 뜻이 되기도 한다. vulnus Achillis(아킬레우스의 상처)에서 Achillis는 주어 관계를 나타낼 수도 있으므로, 이때는 이것이 아킬레우스가 받았던 상처를 의미해서 수동적인 뜻이 된다. 또는 원인 관계를 나타낼 수도 있는데, 이때는 이것이 아킬레우스가 만든 상처를 의미하게 되어 능동적인 뜻으로 사용된다. 또 성인 바울의 말씀 Certus sum quia neque mors, neque vita, etc., poterit nos separare a charitate Dei in Christo Jesu Domino nostro에서 속격 Dei는 해석자에 따라 두 가지 다른 의미로 받아들여졌다. 어떤 사람들은 그것에 목적어 관계를 부여해서, 〈선택받은 자들이 주님에게 보내는 사랑을 예수 그리스도에게 이행시킨다〉고 해석하였다. 다른 사람들은 그것에 주어 관계를 부여해서, 〈주님이 선택받은 자에게 보내는 사랑을 예수 그리스도에게 이행시킨다〉고 해석하였다.

헤브라이어의 명사는 격에 따라 전혀 어미 변화를 하지 않지만, 속으로 표현된 관계는 명사의 변화를 나타낸다. 그러나 이것은 그리스어와 라틴어의 변화와는 전혀 다른 것이다. 이들 언어에서는 지배를 받는 명사를 변화시키는 반면에, 헤브라이어에서는 지배하는 명사를 변화시킨다. verbum falsitatis(거짓말)에서 변화는 falsitas에서 이루어지지 않고, דָּבָר에서 verbum으로 된다.

프랑스어에서 속격을 나타내기 위하여 de를 사용하는 것처럼, 모든 상용어에서도 전치사를 사용한다. Deus ; Dieu(주님), Dei ; de Dieu(주님의).

속격은 고유 명사로부터 보통 명사로의 이행, 또는 마찬가지로, 개체로부터 부류로의 이행을 나타내기 위하여 사용되었는데, 이것은 라틴어에서보다 프랑스어에서 더 널리 통용된다. 라틴어에서는 보통 명사와 고유 명사를 같은 격으로 놓고, 이것을 동격 apposition이라고 부른다. Urbs Roma, fluvius Sequana, mons Parnassus인데, 반면에 프랑스어에서는 이들 경우에 보통 La ville de Rome(로마라는 도시), la rivière de Seine(센 강), le mont de Parnasse(파르나스 산)와 같이 고유 명사를 속격으로 놓는다.

여격

격으로 나타내는 또다른 관계가 하나 더 있는데, 그것은 그 사물이 관계하고 있는 다른 사물의 이익이 되거나 손실이 되는 경우이다. 격이 있는 언어들에서는 이것을 위해 격 하나를 더 만들어서 여격이라고 불렀다. 그런데 이것이 다른 용법에까지 확대 사용되어서, 특별히 한 가지로 나타내기가 거의 불가능하게 되었다. Commodare Socrati ; prêter à Socrate(소크라테스의 탓으로 돌리다), Utilis reipublicoe ; utile à la république(공화국에 유익한), Perniciosus Ecclesiæ ; pernicieux a l'Eglise(교회에 해로운), Promittere amico ; promettre à un ami(친구에게 약속하다), Visum est Platoni ; il a semblé à Platon(그는 플라톤을 닮았다), Affinis regi ; allié au roi(왕과의 동맹) 등이다.

위의 예에서 볼 수 있는 것처럼 상용어에서는 프랑스어에서 à를 붙이는 것과 같이 전치사로 여격을 나타낸다.

목적격

때리다, 끊다, 회복시키다, 사랑하다, 증오하다와 같이 행동하는 주체의 밖에서 일어나는 행위를 의미하는 동사들은 이러한 사항을 가하는 주어나 또는 이러한 사항에 관계되고 있는 목적어를 가진다. 왜냐하면 만일 누가 때린다면, 그가 어떤 사람을 때리기 때문이다. 또 누가 좋아한다면, 그가 무엇인가를 좋아하기 때문이다. 그래서 이들 동사는 동사가 의미하는 행위의 대상이나 주체가 되는 명사를 꼭 필요로 한다. 바로 이러한 사실로 격이 있는 언어에서는 목적격이라고 부르는 새로운 어미를 명사에 붙이게 된다. Amo Deum(주님을 사랑한다). Cæsar vicit Pompeium (카이사르는 폼페이를 정복한다).

프랑스어에서는 형태상 이 격을 주격과 구별할 수 없다. 그러나 프랑스어는 거의 대부분이 단어들을 본래의 순서대로 놓기 때문에, 우리는 보통 주격은 동사 앞, 목적격은 동사 뒤에 놓는다는 점으로 주격을 목적격과 구별한다. Le roi aime la reine(왕은 여왕을 사랑한다). La reine aime le roi(여왕은 왕을 사랑한다). le roi가 첫번째 예에서는 주격이고, 두번째 예에서는 목적격이며, la reine는 이와 반대이다.

탈격

라틴어에는 이들 다섯 가지 격 외에도 여섯번째 격이 있다. 이것은 다만 어떤 특정한 관계를 나타내기 위해서가 아니라, 전치사 préposition와 결합하기 위해서 만들어진 것이다. 첫번째 다섯 가지 격으로는 사물들이 서로서로 갖게 되는 모든 관계를 충분히 나타낼 수 없었기 때문에, 모든 언어에서 또다른 방법을 사용하게 되었다. 이것은 명사 앞에 놓이는 작은 단어를 만들어낸 것으로, 그들은 이것을 전치사라고 불렀다. 어떤 사물이 다른 사물 안에 있는 관계는 라틴어에서 in으로, 프랑스어에서는 dans으로 표현하는 것과 같다. Vinum est in dolio ; le vin est dans le muid(포도주가 큰 통에 담겨 있다). 그런데 격이 있는 언이에서는 주격에 해당하는 명사의 첫번째 형태에 이들 전치사를 결합시키지 않고, 나머지 다른 격들 중의 하나에 결합시킨다. 그래서 라틴어에서는 amor erga Deum(주님에 대한 사랑)에서처럼 목적격과 결합시키는 경우가 있기는 해도, 의미에서 분리해 낼 수 없는 몇 가지 다른 격을 위해 탈격이라는 특별한 격을 만들었다. 반면에 목적격은 능동형의 동사 뒤나 동사의 부정법 앞에 오므로 탈격과는 종종 구별된다.

복수에서는 탈격의 어미가 여격과 같기 때문에, 이 격은 실제로 전혀 복수형에 나타나지 않는다고 할 수 있다. 그러나 예를 들어 전치사는 단수에서 탈격을 지배하고, 복수에서는 여격을 지배한다고 하면 유추 관계를 혼란시킬 것이기 때문에, 복수에도 역시 탈격이 있지만, 언제나 여격과 같은 것이라고 말하는 것이 더 낫다.

이와 똑같은 이유로 그리스어 명사에도 언제나 여격과 같은 탈격이 있다고 하는 것이 좋다. 이렇게 하면 이들 두 언어 사이에 더 큰 유추 관계가 성립되어 보통은 둘을 함께 배울 수 있기 때문이다.

그래서 결국, 프랑스어에서는 다음과 같이 전치사가 어떤 것이든 간에 명사가 전치사의 지배를 받을 때마다 그 명사가 탈격이라고 말할 수 있다. Il a été puni pour ses crimes(그는 저지른 죄로 벌을 받았다). Il a été amené par violence(그는 폭력에 의해 끌려갔다). Il a passé par Rome(그는 로마를 지나갔다). Il est sans crimes(그는 죄가 없다). Il est allé chez son rapporteur(그는 보고자에게로 갔다). Il est mort avant son père(그는 자기 아버지보다 먼저 죽었다). 탈격은 대명사와 관계될 때, 여러 가지 문제점을 정확하게 표현하기 위해서 많이 사용된다.

제 *7* 장

┃ 관사 ┃

우리가 앞의 4장에서 언급했던 보통 명사와 총칭 명사는 그 의
미가 모호하기 때문에, 명사를 다시 단수와 복수의 두 종류로 나눌
수밖에 없었다. 이것은 또한 거의 모든 언어에서 관사라고 부르는
소사를 만들어내게 하였다. 관사는 단수와 복수에서 또다른 방법으
로 명사의 의미를 결정하는 것이다

라틴 민족들에게는 전혀 관사가 없다. 이 때문에 스칼리저는
『라틴어에 나타난 여러 가지 요인들』에서 이 소사가 문장을 더
분명하게 하고 몇 가지 모호함을 없애는 데 아주 필요하지만, 그
래도 이 소사가 필요 없다고 주장했다.

그리스인들에게는 ὁ, ἡ, τό라는 관사가 있다.

로맨스어에는 두 가지 소사가 있어서, 하나는 정관사라고 부르
며 프랑스어의 le, la와 같고, 또다른 하나는 부정 관사로 un, une

이다.

이 관사들은 원래 전혀 격을 갖지 않으며, 명사에도 물론 격이 없다. 그러나 관사 le에 격이 있는 것처럼 보이는 것은, 속격과 여격을 각각 나타내는 전치사인 de와 à가 복수 les, 단수 le와 함께 축약되어 나타나기 때문이다. 그래서 남성과 여성 두 성이 같은 형으로 되는 복수형에서는 속격에서 de les를 축약하여 언제나 des로 말한다. les rois(왕들)에서 de les rois 대신에 des rois(왕들의)이다. 여격에서는 à les 대신에 aux를 사용하여, à les rois가 아니고 aux rois(왕들에게)가 되는데, 이것은 축약하면서 l을 u로 바꾼 것이다. 이러한 현상은 mal(악, 고통)이 복수형 maux가 되고, 라틴어 altus가 haut(높은)가 되며 alnus가 aune(나무)가 되는 것처럼 프랑스어에서 아주 흔히 볼 수 있다.

이와 같은 축약 현상과 단수의 속격과 여격에서 l이 u로 되는 것과 같은 변화가 자음으로 시작되는 남성 명사에도 적용된다. 왜냐하면 de le 대신에 du가 되어 de le rois 대신에 du roi(왕의)가 되고, à le 대신에 au가 되어 à le roi 대신에 au roi(왕에게)가 되기 때문이다. 모음으로 시작되는 남성형과 일반적으로 모든 여성형의 명사에서는, 주격에 있는 것처럼 관사를 그대로 두고서 속격에는 de를, 여격에는 à를 첨가해서 l'état(상황), de l'état, à l'état, la vertu(미덕), de la vertu, à la vertu처럼 된다.

부정 관사라고 부르는 un, une에 대해서는 일반적으로 복수가 없다고 생각한다. 사실 그 자체로 형성된 복수는 전혀 없다. 왜냐하면 프랑스어에서는, 스페인 사람들이 unos animales라고 하는 것처럼 uns, unes라고 하지는 않기 때문이다. 그러나 또다른 단어에서 취한 복수형이 있는데, 그것은 실사 앞에 오는 des로, des

주격	Un crime si horrible mérite la mort. 그렇게 끔찍한 죄는 죽어 마땅하다 Des crimes si horribles (ou) de si horribles crimes méritent la mort.	
목적격	Il a commis 그는 저질렀다	un crime horrible des crimes horribles (ou) d'horribles crimes 끔찍한 죄를
탈격	Il est puni 그는 벌받았다	pour un crime horrible pour des crimes horribles (ou) pour d'horribles crimes 끔찍한 죄 때문에
여격	Il a eu recours 그는 호소하였다	à un crime horrilble à des crimes horribles (ou) à d'horribles crimes 끔찍한 죄에
속격	Il est coupable 그는 범했다	d'un crime horrible de crimes horribles (ou) d'horribles crimes 끔찍한 죄를

animaux(동물들)가 되고, 형용사가 앞에 오면 de가 되어, de beaux lits(멋있는 침대) 등처럼 나타난다. 또는 같은 사항을 다르게 표현하면, 소사 des나 de는 종종 복수에서 단수 un과 같은 부정 관사의 위치를 차지한다고 할 수 있다.

내가 확신하는 점은, 다음에 언급될 이유로 해서, 속격을 제외한 모든 경우에 단수에서 un을 사용하는 곳은 어디나 복수에서 des, 또는 형용사 앞에서는 de를 사용하여야 한다는 점이다. 〔앞의 도표를 참조할 것〕

관사의 여격을 만들기 위해서 여격 전치사인 à를 덧붙여 단수에서는 à un, 복수에서는 à des가 되는 것에 주목해 보라. 또 단수의 속격, 즉 d'un을 만들기 위해서 속격 전치사인 de를 덧붙이는 것도 주시해 보라. 그러므로 이러한 유추에 따라 복수의 속격은 마찬가지로 des나 de에 de를 첨가함으로써 만들어질 수 있다는 것을 알 수 있다. 그러나 그것이 언어에서 대부분의 불규칙성을 만든다는 한 가지 이유 때문에 그렇게 하지 않았는데, 이것은 귀에 거슬리거나 나쁜 발음이 된다. de des와 더구나 de de는 귀에 너무 거슬려서, Il est accusé de des crimes horribles(그는 끔찍한 범죄를 저질러서 고소되었다), Il est accusé de de grands crimes(그는 중죄를 저질러서 고소되었다)라고 말한다면, 귀에 고통을 줄 것이기 때문이다. 마찬가지로 고대인의 말 중에서 impetratum est a ratione, ut peccare suavitatis causa liceret(쾌락 때문에 죄를 범한다고 하면, 이성에 의해서 극복될 수 있다)[9]의 경우가 있다.

　이것으로 des는 le sauveur de les hommes(인간의 구세주) 대신에 le sauveur des hommes라고 말할 때처럼 때때로 관사 le의 복수형 속격이라는 것을 알 수 있다. 그리고 이것은 앞에서 본 것처럼, 때로는 부정 관사 un의 복수형 주격이나 목적격, 또는 탈격, 혹은 여격이 된다. 또 de도 때로는 Ce sont des festins de roi(이것은 왕이 베푸는 향연이다)라고 말할 때처럼 관사가 없이 속격을 나타내는 단순한 표지라는 것을 알 수 있다. 그리고 de가 때로는 de des 대신에 같은 관사 un의 복수 속격이거나, 앞에서

---

10) 키케로의 원문에는 a consuetudine(보통은)으로 되어 있다.

roi와 같은 보통 명사

무관사	매우 모호한 의미만을 나타냄.		Il a fait un festin de roi. 그는 왕의 향연을 베풀었다. Ils ont fait des festins de rois. 그들은 왕의 향연을 베풀었다.
	절의 주어에 의해 한정된 한 가지 의미		Louis XIV est roi. 루이 14세는 왕이다. Louis XIV et Philippe IV sont rois. 루이 14세와 필립 4세는 왕이다.
정관사 le와 함께	범위 전체로 종류		Le roi ne dépend point de ses sujets. 왕은 전혀 그 인물에 의존하지 않는다. Les rois ne dépendent point de leurs sujets. 왕들은 전혀 그 인물에 의존하지 않는다.
	말하는 사람이나 문장의 상황에 따라 결정되는 하나 또는 여러 명의 특정인		Le roi fait la paix, c'est-à-dire le roi Louis XIV, à cause des circonstances du temps. 왕, 다시 말해서 루이 14세는 그 당시의 상황 때문에 화해한다. Les rois ont fondé les principales abbayes de France, c'est-à-dire les rois de France. 왕들, 즉 프랑스의 왕들은 프랑스의 중요한 수도원을 세웠다.
부정 관사와 함께	단수에서 un 복수에서 des, de	막연한 사람 또는 여러 사람을 의미	Un roi détruira Constantinople. 왕은 콘스탄티노플을 파괴할 것이다. Rome a été gouvernée par des rois (ou) par de grands rois. 로마는 여러 왕들 또는 위대한 여러 왕들에 의해 통치되었다.

본 것처럼 형용사 앞에 놓인 같은 관사의 다른 격들에 해당되기도 한다.

우리는 일반적으로 관사의 용법이 보통 명사의 의미를 결정하는 것이라고 말했다. 그러나 이러한 결정이 관사가 있는 모든 언어들에서 획일적이지 않기 때문에, 정확하게 나타내기가 어렵다. 앞의 표는 프랑스어에서 고찰된 점이다.

여기에서 관사는 절대로 고유 명사에 사용되어서는 안 된다는 것을 알 수 있다. 정해진 특정한 사물을 의미하는 고유 명사는 관사로 한정시킬 필요가 없기 때문이다.

그렇지만 용법은 항상 이성과 일치하지 않아서, 그리스어에서는 ὁ Φιλίππος와 같이 이따금 사람 자체의 고유 명사에도 관사를 사용하기도 한다. 그리고 이탈리아인들은 L'Arioste, il Tasso, l'Aristotele와 같이 이것을 상당히 보편적으로 사용하고 있다. 프랑스어에서도 이따금 이것을 모방해서, 예를 들면 l'Arioste, le Tasse라고 하는데, 이것은 다만 순수한 이탈리아의 이름에서만 그렇게 할 뿐이다. 반면에 l'Aristote, le Platon이라고 말하지는 않을 것이다. 프랑스어에서는 경멸에 의해서나 아주 비천한 사람에 대해서 le tel(모씨), la telle(모부인)이라고 말하는 경우가 아니라면, 사람을 가리키는 고유 명사에 전혀 관사를 붙이지 않기 때문이다. 혹은 le Roi, le Maître, le Clerc로 불리는 사람들이 있는 것처럼, 총칭 명사나 보통 명사에서 고유 명사가 된 경우에나 관사를 붙인다. 그러나 이 경우에 모든 것을 한 단어인 것처럼 취급하여, 이들 명사가 여성으로 될 때도 관사 le를 la로 바꾸지는 않는다. 그렇지만 여성이라는 것을 Marie le Roi, Marie le Maître 등으로 나타낸다.

프랑스어에서는 또 la Capelle, le Plessis, le Castelet처럼 총칭 명사로부터 고유 명사가 된 경우가 아니라면, Paris, Rome, Milan, Gentilly와 같이 도시나 마을을 나타내는 고유 명사에 관사를 붙이지 않는다.

교회의 명칭인, 그 교회가 헌납하고 있는 성인의 이름에도 보통은 Saint-Pierre, Saint-Paul, Saint-Jean처럼 관사를 붙이지 않는다.

그런데 프랑스어에서는 Cornouailles, Comminges, Roannez처럼 어떤 고장의 명칭에는 관사를 전혀 붙이지 않지만, la France, l'Espagne, la Picardie와 같이 국가와 지방을 나타내는 고유 명사에는 관사를 붙인다.

또 la Seine, la Rhin과 같이 강 이름에는 관사를 붙인다.

그리고 l'Olympe, le Parnasse처럼 산 이름에도 관사를 붙인다.

끝으로 관사는 형용사에 전혀 어울리지 않는다는 사실을 주목하여야 하는데, 형용사는 실사에서 한정을 받아야 하기 때문이다. 때때로 le blanc(하양), le rouge(빨강)라고 말할 때처럼 형용사에 관사를 붙이는 것은, 형용사로 실사를 만든 것이며, 이때 le blanc은 la blancheur와 같은 것이다. 또는 포도주에 대해서 말하면서, J'aime mieux le blanc(나는 백포도주를 더 좋아한다)이라고 하는 것처럼, 거기에 실사가 암시되어 있기도 하다.

제 8 장

▎ 대명사 ▎

사람들은 종종 같은 문장 안에서 같은 사항에 대해 말해야만 할 때, 또 항상 같은 명사를 되풀이하기가 번거로웠기 때문에, 명사의 위치를 지키기 위해서 어떤 단어를 만들어냈는데, 이것을 대명사라고 불렀다.

첫째로, 사람들은 자신을 그 자신의 이름으로 부르는 것이 종종 불필요하며 우아하지 못하다고 인식하였다. 그래서 그들은 말하는 사람의 이름 대신에 그 자리에 1인칭의 대명사인 ego ; moi, je를 도입하였다.

또 말을 거는 상대방의 이름을 부르지 않기 위해서, 2인칭 대명사 tu, toi, 또는 vous로 나타내는 것이 좋다고 생각하였다.

그리고 무엇에 대해서나 어떤 사람에 대해서 우리가 말을 할 때, 그 무엇이나 어떤 사람을 명칭으로 되풀이해 부르지 않기 위해서, 3인칭 대명사, ille, illa, illud ; il, elle, lui 등을 만들었다. 그리고 이것으로부터, 우리가 말하는 것을 손가락으로 가리키는 것처럼 나타내는 대명사가 있어서 이것을 지시 대명사라고 부른다. hic ; celui-ci, iste ; celui-là와 같은 것이다.

또 상호적이라고 부르는, 즉 의미가 그 자신에게로 되돌아오는 대명사가 있는데, 그것은 sui, sibi, se ; se이며, 예문을 들자면 Pierre s'aime(피에르는 자신을 사랑한다), Caton s'est tué(카통은 자살하였다)가 있다.

다른 명사의 역할을 하는 이들 대명사에 다음과 같은 특성이 있다.

단수와 복수를 구별하여서, je(나는), nous(우리들은), tu(너는), vous(너희는)가 있다. 그러나 프랑스어에서는 일반적으로 단 한 사람에게 말을 걸 때에도 단수 tu나 toi 대신에 복수 vous를 사용한다. Vous êtes un homme de promesse(당신은 약속을 잘 지키는 사람입니다).

또 성의 구별이 있어서, 3인칭에 il(그는), elle(그녀는)의 두 종류가 있다. 그러나 1인칭 대명사는 언제나 공통으로 사용된다. 2인칭도 역시 마찬가지인데, 헤브라이어와 또 그와 유사한 언어들은 여기에서 제외된다. 이 언어들에서 남성형은 יהיה으로 여성형 את과 구별된다.

격에 따른 변화도 있어서, ego, me ; je, me, moi로 구별된다. 그리고 명사가 전혀 격을 가지고 있지 않은 언어에서도 대명사는 종종 격을 나타낸다고 이미 앞에서 언급하였다.

다음은 프랑스어의 대명사를 세 가지 용법에 따라 분류해 본 도표이다.

	동사 앞에서			그 이외의 위치에서	
	주격	여격	목적격	탈격	속격 등
1인칭	Je Nous	me		moi	
2인칭	Tu Vous	te		toi	
재귀		se		soi	
3인칭	Il, elle Ils, elles	lui leur	le, la les	lui eux	elle elles

그러나 이 도표에서 주목해야 할 사실이 몇 가지 있다.

첫번째, nous와 vous가 동사 앞, 동사 뒤 모든 곳에서, 그리고 또 모든 격에 사용되지만 간략하게 하기 위해서 단 한번만 제시하였다. 바로 이러한 이유로 일상의 언어에서는 1인칭과 2인칭 대명사에 nous와 vous만을 사용하기 때문에, 아무 어려움이 없다.

두번째, 대명사 il이 동사 앞에 놓일 때, 여격과 목적격인 것은 명령형을 취할 때도 그대로 동사 뒤에 놓이게 된다. Vous lui dites(당신이 그에게 말한다). Dites-lui(그에게 말하시오). Vous leur dites(당신이 그들에게 말한다). Dites-leur(그들에게 말하시오). Vous le menez(당신이 그를 데리고 간다). Menez-le(그를 데리고 오시오). Vous la conduisez(당신이 그 여자를 안내한다). Conduisz-la(그 여자를 안내하시오). 그러나 me, te, se는 절대로 동사 뒤에 오지 않는다. Vous me parlerez(당신이 나에게 말할 것이다), Vous me menez(당신이 나를 데려온다)에서 동사가 명령형일 때는 me 대신에 moi를 써야 한다. Parlez-moi(나에게 말하시오). Menez-moi(나를 데려가시오). 보줄라가 주의를 기울이지 않았던 점이 바로 이것이다. 어째서 menez-l'y(그를 거기에 데려가시오)라고는 하면서, menez-m'y라고는 하지 않는지, 그 이유를 찾으면서 그는 부조화음 이외의 다른 이유는 전혀 발견하지 못했기 때문이다. 반면에 moi는 절대로 자신에게 말을 걸 수 없다는 사실이 분명하기 때문에, menez-m'y라고 할 수 있기 위해서는, menez-le에서 menez-l'y라고 할 수 있는 것처럼 또한 menez-me라고도 할 수 있어야 할 것이다. 그런데, menez-me는 프랑스어에서 사용되는 표현이 아니기 때문에, menez-m'y도 또한 프랑스어의 표현이 될 수 없다.

세번째 사항은, 명령형에서 대명사가 동사의 앞 또는 뒤에 올 때, 여격의 대명사 앞에 전치사 à를 절대로 사용하지 않는다는 점이다. Vous me donnez(당신은 나에게 주십니다)나 Donnez-moi(나에게 주십시오)가 되며 Donnez à moi가 될 수 없다. 적어도 대명사를 되풀이해서 사용하지 않는다면, à가 올 수 없는데, 이때는 보통 même를 덧붙이고, 이것은 3인칭에서만 대명사에 결합된다. 그래서 Dites-le moi à moi(그 사실을 나에게 말하시오), Je vous le donne à vous(나는 그것을 당신에게 준다), Il me le promet à moi-même(그는 나에게 그것을 약속한다), Dites-leur à eux-mêmes(그들에게 말하시오), Trompez-la elle-même(그 여자를 속이시오), Dites-lui à elle-même (그 여자에게 말하시오)가 된다.

네번째, 대명사 il에서 주격인 il 또는 elle과 목적격 le 또는 la는 모든 사항에 대하여 구별 없이 사용된다. 반면에 여격, 탈격, 속격과 속격의 역할을 하는 son, sa는 보통은 사람에 대해서만 사용되어야 한다.

따라서 시골에 있는 집에 대해서 다음과 같이 자연스럽게 말할 수 있다. Elle est belle(그것은 아름답다). Je la rendrai belle (나는 그것을 아름답게 꾸몄다). 그러나 다음과 같이 하면 잘못된 표현이다. Je lui ai ajouté un pavillon. Je ne puis vivre sans elle. C'est pour l'amour d'elle que je quitte souvent la ville. Sa situation me plaît. 제대로 말하기 위해서는 다음과 같이 해야 한다. J'y ai ajouté un pavillon(나는 거기에 별채를 덧붙였다). Je ne puis vivre sans cela(그것 없이는 살 수 없다). 또는 Je ne puis vivre sans le divertissement que j'y prends(거기서 얻게 되는 오락 없이는 살 수 없다), Elle est cause que je quitte souvent la ville(그것이 내가 종종 도시를 떠나는 이유이다), La situation m'en plaît(그 상황이 마음에 든다).

이러한 규칙에는 예외가 있다는 것을 나는 잘 알고 있다. 그것은 다음과 같은 이유가 있기 때문이다.

첫째로 église(그리스도교도), peuple(민족), compagnie(한패)와 같이 다수의 사람을 의미하는 단어는 전혀 주어가 될 수 없다.

둘째로 사물에 생명을 불어넣고 의인화의 수사법으로 그것을 사람처럼 생각할 때는 인칭에 어울리는 용어를 사용할 수 있다.

셋째로 la volonté(의지), la vertu(덕성), la vérité(진리)와 같이 정신에 관계되는 사항은 인칭에 관계되는 표현을 사용할 수 있다. 그래서 다음과 같이 말하는 것이 잘못된 표현은 아니라고 생각한다. L'amour de Dieu a ses mouvements, ses désirs, ses joies, aussi bien que l'amour du monde(주님의 사랑에는 이 세상의 사랑과 마찬가지로 동요, 욕망, 기쁨이 있다). J'aime uniquement la vérité(나는 오직 진실만을 사랑한다). J'ai des ardeurs pour elle, que je ne puis exprimer(내게는 진실을 위한 열정이 있지만, 표현할 수가 없다).

넷째로 대명사 son은 우리가 이야기하는 사항에 완전히 적절하고 근본적인 것에 사용할 수 있다. 따라서 Une rivière est sortie de son lit(강이 범람하였다), Un cheval a rompu sa bride(말이 굴레를 벗어났다), Un cheval a mangé son avoine(말이 귀리를 먹었다)라고 말할 수 있다. 왜냐하면 귀리란 말에게 있어 완전히 적합한 먹이로 간주되기 때문이다. 또 Chaque chose suit l'instinct de sa nature(각 사건은 그 자연의 본성을 따른다), Chaque chose doit être en son lieu(각 사물은 그 자리에 있어야만 한다), Une maison est tombé d'elle-même(집이 저절로 무너져 버렸다)라고도 할 수 있다. 어떤 사물에 가장 근본적인 것은 사물 그대로인 것이기 때문이다. 그리고 이러한 규칙은 사물에 고유한 것에 대해서만 언급하는, 즉 과학에 관계되는 문장에서는 적용되지 않는다는 생각이 들게끔 한다. 그래서 어떤 단어에 대해서 다음과 같이 말할 수 있다. Sa signification principale est telle(그것의 중요한 의미는 이렇다). 그리고 삼각형에 대해서는, Son plus grand côté est celui qui soutient son plus grand angle(그것의 가장 큰 변은 가장 큰 각도를 떠받치고 있는 변이다)라고 말할 수 있다.

이 규칙에 대립시킬 수 있는 모든 것의 이유를 충분히 생각해 보지 않았으므로 이 규칙에는 또다른 어려운 점이 있을 수 있다. 그러나 잘 말하기 위해서는, 보통으로 사용되는 문장도 아니고, 또 어떤 특성한 이유가 있시도 않나면, 적어도 확실히 이러한 규칙를 따라야 하며, 이것을 무시하는 것은 잘못이다. 그런데 보줄라는 이러한 사실에 주목하지 못하였다. 그러나 이와 아주 유사한 qui에 관계되는 또다른 규칙으로 그는 주격과 목적격인 que를 제외하고는 qui가 사람에게만 사용된다는 것을 잘 보여주었다.

지금까지 우리는 중요하고 기본적인 대명사에 대해 설명하였다. 그러나 소유형이라고 부르는 다른 형태도 있다. 이것은 terre (대지)에서 terrestre(지상의)가 되는 것처럼 막연한 의미를 첨가함으로써 실사를 의미하는 명사로부터 형용사가 되는 방법이다. 그러므로 meus ; mon(나의)은 moi와 구별되며 막연하게 나에게 속하는 어떤 것과 내 것을 의미한다. meus liber ; mon livre(나의 책)는 그리스인들이 보통 βίϐλος μου라고 말하는 것처럼, le livre de moi(나에게 속한 책)가 된다.

이들 대명사 중에서 프랑스어에는 항상 관사 없이 명사와 함께 쓰이는 것이 있다. mon(나의), ton(너의), son(그의)과 복수형 nos(우리들의), vos(너희들의, 당신의)가 이에 속한다. 또다른 형태는 명사 없이 관사와 함께 쓰이는 mien(나의 것), tien(너의 것), sien(그의 것)과 복수형 nôtres(우리의 것), vôtres(너희의 것, 당신의 것)가 있다. 그리고 두 가지 모두의 방법으로 사용되는 단수에서의 notre, votre와 leur, leurs가 있다. 이것은 너무 쉬우니까 이 예는 전혀 들지 않겠다. mien은 명사 없이 오직 관사 le와 함께만 사용되어야 하므로, un mien ami, un mien parent이라고 말하는 낡은 어법은 버려야 한다. 따라서 C'est le mien(이것은 나의 것이다), Ce sont les nôtres(이것은 우리들의 것이다) 등으로해야 한다.

제 9 장

▌관계대명사 ▌

대명사에는 관계적이라고 부르는 또다른 형태가 있으며, qui, quoe, quod ; qui, lequel, laquelle이 여기에 해당된다.

이 관계대명사에는 다른 대명사와 공통적인 점과 이 대명사에만 독특한 점이 있다.

공통적인 점은, 다른 대명사와 마찬가지로 관계대명사도 명사의 자리에 놓인다는 점이다. 게다가 모든 다른 대명사들에 비해 더 일반적인 사용이 가능하여, 모든 인칭에 적용될 수 있다. Moi QUI suis chrétien(기독교 신자인 나), Vous QUI êtes chrétien(기독교 신자인 당신), Lui QUI est roi(왕인 그)와 같이 사용된다.

그러나 관계대명사에만 독특한 점은 다음의 두 가지 방법으로 설명될 수 있다.

첫번째로 이 대명사는 Dieu qui est saint(성인인 주님)에서처럼 언제나 또다른 명사 또는 대명사와 관계를 맺고 있는데, 이것을 선행사라고 부른다. 여기에서는 Dieu가 관계대명사 qui의 선행사이다. 그러나 이 선행사는 특히 『라틴어의 새로운 방법』에서 보았던 것처럼 라틴어에서는 때때로 생략되어 있다.

두번째로 이 대명사만이 가지고 있는 특징은, 누구도 아직까지 이 점을 지적했다고 볼 수 없는데, 이 대명사가 들어가는 절(삽입절 incidente이라고 부를 수 있다)은 주절 principale이라고 부를 수 있는 또다른 절의 주어 또는 속사의 역할을 할 수 있다는 것이다.

이 점은 우리가 이 책의 첫 부분에서 지적했던 것을 기억해야만 잘 이해할 수 있다. 즉 모든 절에는 우리가 그것에 대해서 무엇을 주장하는 주어가 있으며, 우리가 무엇을 주장하는 그것에 해당되는 속사가 있다. 그러나 이 주어와 속사는 Dieu est bon (주님은 훌륭하다)에서처럼 단순할 수도 있고, Un habile magistrat est un homme utile à la république(유능한 법관은 국가에 유용한 사람이다)에서처럼 복잡할 수도 있다. 내가 그것에 대해서 주장하는 것은 un magistrat만이 아니라 un habile magistrat이기 때문이다. 그리고 내가 주장하는 것은 그가 사람 homme이라는 것뿐만 아니라, 그가 국가에 유용한 사람 homme utile à la république이라는 것이다. 『논리학 또는 사고의 기술』 (part. 2, chap. 3, 4, 5, 6)에서 복합절에 대해 설명한 것을 참조할 수 있다.

이렇게 주어와 속사가 몇 가지 항으로 결합되어 있어도, La valeur d'Achille a été cause de la prise de Troie(아실르의 용맹이 트루아를 사로잡은 원인이 되었다)라고 할 때처럼 그 자체에 단 한 가지 판단이나 주장이 포함되어 있어서 단순한 문장이 될

수 있다. 그런데 절의 주어나 속사가 되는 두 실사 중에서 하나
는 언제나 매번 다른 하나의 지배를 받는다.

그러나 대부분의 경우에, 주어나 속사가 여러 개 단어로 구성
된 이러한 종류의 절은 적어도 우리 머리 속에 몇 가지 판단이
들어 있어서 그만한 수의 절을 만들어낼 수 있다고 생각된다. 그
래서 Dieu invisible a créé le monde visible(눈에 보이지 않는 주
님이 눈에 보이는 이 세계를 창조하였다)라고 말할 때, 머리 속에
서는 이 절에 포함되어 있는 세 가지 판단이 이루어진다. 첫째로
Dieu est invisible(주님은 눈에 보이지 않는다), 둘째로 Il a créé
le monde(그는 이 세계를 창조하였다), 셋째로 Le monde est
visible(이 세계는 눈에 보인다)라고 판단하기 때문이다. 그런데,
이 세 절 중에서 두번째 절이 중요하며 본질적이다. 첫번째와 세
번째는 삽입절로 주절의 일부분을 이룰 뿐이며, 첫째 절은 주어
가 되고, 마지막 절은 속사가 된다.

이들 삽입절은 종종 위에서 든 예에서처럼 대부분 말로 표현
되지 않고 우리의 머리 속에 있다. 그러나 때로는 그것이 분명하
게 표현되기도 한다. 바로 이 경우에 관계절이 사용되며, 똑같은
예를 다음의 말로 바꿀 수 있다. Dieu, QUI est invisible, a créé
le monde, QUI est visible.

그러므로 관계대명사가 들어 있는 절이 또다른 절의 주어나
속사의 일부가 될 수 있게 하는 것이 바로 관계대명사에 고유한
특성이 된다.

이 점에 관해서는 다음의 사항을 주목해야 한다. 첫째로 명사
둘이 함께 결합될 때, 그중의 하나가 보어로 되지 않고 Urbs Ro-
ma(도시 로마)처럼 동격이 되거나, Deus sanctus(성스러운 주님)

처럼 형용사와 결합될 때, 특히 canis currens(달리는 개)에서처럼 이 형용사가 분사이면, 이렇게 말하는 모든 방법은 관계대명사가 의미 속에 포함되어 있으므로, 다음과 같이 관계대명사를 찾아내서 해결할 수 있다. Urbs qude dicitur Roma(로마라고 하는 도시). Deus qui est sanctus(성스러운 주님). canis qui currit(달리는 개). 언어들의 특성에 따라 이 방법 또는 저 방법을 사용할 수 있는 것이다. 그래서 라틴어에서는 Video canem currentem처럼 대부분은 분사를 사용하며, 프랑스어에서는 Je vois un chien qui court(나는 개가 달리는 것을 본다)처럼 관계대명사를 사용한다.

둘째로 관계절이 주절이라고 부를 수 있는 또다른 절의 주어나 속사의 일부가 될 수 있다. 그것은 절대로 주어 전체나 속사 전체가 아니기 때문이다. 예를 들어 내가 Dieu, qui est invisible, est le créateur du monde, qui est visible라고 할 때, qui est invisible은 이 절의 주어 전부가 아니고, 여기에 Dieu를 덧붙여야만 완전한 주어가 된다. 또 qui est visible도 속사 전체가 아니며, 여기에 le créateur du monde를 덧붙여야 한다.

셋째로 관계대명사는 삽입절의 주어 또는 속사의 일부가 될 수 있다. 주어가 되기 위해서는 관계대명사가 주격으로 놓여야 한다. Qui creavit mundum(세계를 창조한). qui sanctus est(성스러운).

그러나 관계대명사가 속격, 여격, 목적격일 때는, 이것이 삽입절의 속사 전체가 될 수 없으며, 다만 그 일부가 된다. Deus quem amo ; Dieu que j'aime(내가 사랑하는 주님). Ego amo guem에서 절의 주어는 ego이며, 동사는 quem과 함께 속사의 일부가 되어서 Ego amo quem 또는 ego sum amans quem이 있는 것처럼 연결해 준다. 그리고 마찬가지로 Cujus coelum sedes ;

duquel le ciel est le trône(하늘은 그의 왕권이다)에서도 언제나 Coelum est sedes cujus ; le ciel est le trône duquel라고 하는 것과 같다.

그렇지만 이러한 사용 자체에서도, 관계대명사가 전치사의 지배를 받는 경우가 아니라면, (비록 의미에 따라서는 마지막에 와야 하지만) 관계대명사는 언제나 절의 첫머리에 둔다.

그 이유는 적어도 대부분은 전치사가 앞에 와야 하기 때문이다. Deus a quo mundus est conditus ; Dieu par qui le monde a été créé(세상을 창조하신 주님).

제 9 장의 후속

┃ 그 밖에 ── 이 원칙으로 설명할 수 있는 여러 가지 어려운 문법 ┃

관계대명사의 두 가지 용법, 하나는 대명사로 사용되고, 다른 하나는 절과 절을 결합시킨다는 것으로 문법 학자들이 그 이유를 잘 파악할 수 없었던 다음의 몇 가지 사항을 설명할 수 있다.

나는 그것을 여기에서 세 부류로 나누고 각 부류마다 해당되는 몇 가지 예를 들겠다.

첫번째 부류는 관계대명사가 확실하게 접속사와 지시어로 사용되는 경우이다.

두번째 부류는 관계대명사가 접속사로만 사용되는 경우이다.

그리고 세번째 부류는 지시어로만 사용되고 접속사의 역할은 전혀 하지 않는 경우이다.

관계대명사가 접속사와 지시어로 사용될 때는, 티트-리브 Tite-Live[11]가 예를 들어 주니우스 브루투스 Junius Brutus[12]에 대해서 다음과 같이 말할 때이다. Is quum primores civitatis, in quibus fratrem suum ab avunculo interfectum audisset. 여기에서 in quibus는 et in his 대신에 쓰인 것이 확실하기 때문이다. 그래서 그것을 다음과 같이 환원시키면, 문장이 더 분명하고 이해하기 쉬워진다. Quum primores civitatis, et in his fratrem suum interfectum audisset(국가의 지배 계층에 속하는 그가 자신의 형제가 삼촌에 의해 살해됐다고 들었을 때). 반면에, 이러한 원칙을 생각하지 않으면 이 문제를 해결할 수 없다.

그러나 관계대명사는 때때로 지시적인 기능을 잃어버리고 접속사의 역할만을 할 때가 있다.

이것을 우리는 두 가지 특별한 경우에서 살펴볼 수 있다.

첫번째 ‘경우는 헤브라이어에서 대단히 보편적으로 사용하는 방법으로, Pulvis quem projicit ventus(바람에 날린 먼지)라고 할 때처럼 관계대명사가 그것이 들어 있는 절의 주어가 아니고 속사의 일부분일 때, 유대인들은 관계대명사에 절과 절의 결합을

---

11) (역주) 로마 시대의 역사학자(BC. 64 또는 BC. 59–10)로 기원에서 기원전 9년까지를 다룬 142권의 로마 역사를 기원전 25년에 시작해서 운명할 때까지 저술하였다. 그는 역사에 대한 진정한 철학자였으며, 정치적인 신념보다는 깊은 애국심에 불탔던 사람으로, 로마인들의 도덕에서 로마 제국이 웅대하게 된 원인을 찾아내려고 애썼다. 로마인은 높은 이상을 가졌으며 영웅심이 많고 끈질기게 노력하며 단결되었다고 묘사하여 로마인에 대한 좋은 인상을 널리 알리는 데 크게 기여했다.

12) (역주) 로마 시대의 정치가(BC. 85–BC. 42). 카통의 조카이며 카이사르의 양아들. 처음에는 고올 지방의 총독이었다가 집정관이 됨. 카시우스와 공모하여 카이사르를 죽이고 마케도니아로 도망갔다가 앙투안느와 옥타비우스에게 잡혔음.

나타내는 마지막 용법만을 인정한다. 그래서 그들은 명사의 위치를 차지해야 하는 대명사의 용법에는, 전혀 관계대명사가 없는 것처럼 그것을 지시 대명사로 표현한다. 그들은 Quem projicit eum ventus(바람에 날린 그 사람)라고 말한다. 이러한 종류의 표현들은 『신약 성서』에도 나와 있는데, 여기에서 성인 베드로는 이새가 지나가는 것을 암시하면서 예수 그리스도에 대해서 이야기하고 있다. Οὗ τῷ μώλωρι αὐτου ἰάθητε ; cujus livore ejus sanati estis(당신들의 질투에 의해 낫게 된 저 사람). 문법학자들은 관계대명사의 이 두 가지 용법을 구별하지 못했기 때문에, 이렇게 말하는 이유를 설명할 수 없었다. 그래서 이것을 중복법 pleonasme, 다시 말해서 쓸데없는 잉여라고 일축해 버렸다.

그러나 문법학자들은 이것을 이해하지 못했지만, 라틴어의 가장 훌륭한 작가들에서 그 예를 찾을 수 있다. 티트-리브가 Marcus Flavius tribunus plebis tulit ad populum, ut in Tusculanos animadverteretur, quorum eorum ope ac consilio Veliterni populo Romano bellum fecissent(호민관 마르쿠스 플라비우스는 로마 인민들이 투스클라누스인들에게 관심을 갖도록 당부했다. 왜냐하면 그들이 희망하고 결정하는 대로 베리테리누스인들이 로마 인민들과 전쟁을 벌였기 때문이다)와 같이 말한 경우이다. 그래서 어떤 사람들은 이것을 quod eorum ope라고 읽어야 한다고 생각했지만, quorum은 여기에서 접속사의 역할만 하고 있다는 것이 너무도 분명하다. 가장 훌륭한 판본과 가장 오래된 필사본에는 그렇게 쓰여 있다. 그리고 플로트 Plaute[13]가 그의 희극 작품 『트리

---

13) (역주) 로마 시대의 희극 시인(BC. 254~BC. 184). 정확한 연대를 알

누무스 Trinummus』에서 다음과 같이 말할 때도 역시 마찬가지
이다.

Inter eosne homines condalium te redipisci postulas, Quorum
eorum unus surripuit currenti cursori solum?
그들 중 한 사람이 경주에서 자리를 차지했다고 해서, 너는 저 사
람들 사이에서 노예 표시용 반지를 돌려주도록 요구하는가?

여기에서도 quorum은 quum eorum unus surripuerit에 있는
것과 똑같은 기능을 하고 있다.
이 원칙으로 설명할 수 있는 두번째 사항은, 라틴어에서 동사
뒤에 오는 quod의 본질에 관계되는 것으로, 이것은 문법학자들
사이에 유명한 논쟁을 불러일으켰다. 키케로가 Non tibi objicio
quod hominem spoliasti(나는 네가 사람을 약탈했다고 해서 너에
게 맞서는 것은 아니다)라고 말한 경우이다. 이것은 거의 언제나
quod로 말하는 후기 라틴어 문법학자들에게서 더욱더 공통적으
로 나타나는데, 이것을 부정법으로도 표현할 수 있을 것이다. 그
래서 Dico tellurem esse rotundam 대신에 dico quod tellus est

수 없는 20여 개가 넘는 희극 작품을 썼다. 그의 천재성은 그리스인들
의 극적 기술을 이해하여 그것을 그 시대 로마인들의 취향에 맞게 적
용시켰다는 점이다. 청중은 이야기의 줄거리나 심리적인 섬세함보다
노망난 늙은이, 파렴치한 아첨꾼, 비겁한 포주꾼, 허세부리는 군인 등
과 같은 전형적인 인물의 우스꽝스러움에 더 매료되었다. 이러한 극작
품에서는 리듬이 가볍고, 대사를 통한 자유로운 환상, 노래의 개입이
관객을 쉽게 작품에 몰입하게 한다. 17세기 프랑스의 몰리에르와 같은
작가들이 플로트의 영향을 많이 받았다고 할 수 있다.

rotunda(나는 지구가 둥글어야 한다고 말한다)라고 한다. 어떤 사람은 이 quod가 부사나 접속사라고 주장한다. 다른 사람들은 이것이 관계대명사 qui, quae, quod의 중성형이라고 주장하기도 한다.

관계대명사는 언제나 선행사(이미 앞에서 언급한 바와 마찬가지로)와 관계를 맺고 있지만, 그 의미 속에 삽입절의 주어나 속사의 일부분을 포함하고 있지 않으며, 그것이 속해 있는 절을 다른 절에 결합시키는 두번째 용법만을 취하고 있으므로 대명사의 용법에서 벗어나 있다고 나는 생각한다. 우리가 헤브라이어의 특유한 어법 quem projicit eum ventus에 대해서 언급한 것과 같다(앞부분 참조). 키케로의 다음 구절 Non tibi objicio quod hominem spoliasti에서 끝의 단어 hominem spoliasti는 완전한 절이며, 그 앞에 오는 quod는 아무것도 부언하지 않기 때문에, 어떤 명사로도 가정할 수 없다. 그러나 그것의 기능이란 그것이 결합되어 있는 절이 전체 절의 부분이 되게 한다는 것이다. Non tibi objicio quod hominem spoliasti. 반면에 quod가 없다면, 그 절은 그 자체로 존속할 것이며, 홀로 절을 만들 것이다.

이것이 동사의 부정법을 언급하면서 우리가 설명할 수 있는 점이다. 프랑스인들이 Je suppose que vous serez sage(나는 당신이 현명할 것이라고 추측한다), je vous dis que vous avez tort(나는 당신이 잘못했다고 당신에게 말한다)라고 할 때, 여기에서 que (quod에서 유래됨)를 설명할 수 있는 방법도 또한 마찬가지라는 것을 알 수 있다. 이 que는 대명사의 본질에서 너무나도 벗어나서 연결의 역할만을 하기 때문에, vous serez sage와 vous avez tort의 두 절이 절 전체 Je suppose……와 Je vous dis……의 부분을 이루고 있다는 것을 알게 해준다.

우리는 지금까지 관계대명사가 대명사의 용법에서 벗어나 두 절을 함께 연결하는 역할에서 나타나는 두 가지 현상을 지적하였다. 그러나 이와 반대로 관계대명사가 연결의 기능을 잃고 대명사의 용법만을 취하는 경우에 나타나는 두 가지 다른 현상을 지적할 수 있다. 첫번째는 라틴 민족들이 관계대명사를 사용하는 방법으로, 이들은 관계대명사에 지시 대명사의 기능만을 부여하면서 그것이 사용되는 절과 다른 절을 연결하는 또다른 용법은 거의 인정하지 않는다. 바로 이러한 이유로, 그들이 관계대명사로 시작한 문장을 상용어에서는 지시 대명사로 옮길 수밖에 없다. 오늘날에는 연결어로서의 관계대명사의 기능이 거의 모두 사라져버려서, 그러한 기능을 거기에 덧붙인다면 이상할 것이기 때문이다. 예를 들면, 플린느Pline는 이렇게 자신의 칭송사를 시작한다. Bene ac sapienter, Patres conscripti, majores instituerant, ut rerum agendarum, ita dicendi initium a precationibus capere, quod nihil rite, nihilque providenter homines sine Deorum immortalium ope, consilio, honore, auspicarentur. QUI mos, cui potius quam consuli, aut quando magis usurpandus colendusque est?[14]

---

14) (역주) 원로원 의원 여러분, 조상들은 훌륭하고 현명하게 일을 행하는 것과 같이 그렇게 말하는 데도 시작을 기도로부터 해야 한다는 것을 관습으로 세우셨습니다. 왜냐하면 신들의 도움과 결정, 영광이 없이는 인간들이 어떤 것도 정당하고 슬기롭게 시작할 수 없기 때문입니다. 그리고 이러한 관습이 집정관에 의해서보다 누구에 의해서 더 잘 지켜서야만 합니까?

이 Qui는 새 문장을 앞의 문장에 연결한다기보다는 오히려 새로운 문장을 시작한다는 것이 확실하다. 이 때문에 그 앞에 마침표를 찍었다. 바로 이러한 이유로 이것을 프랑스어로 옮기면서 절대로 laquelle coutume라고 하지 않고 cette coutume라고 하는 것이다. 두번째 문장은 이렇게 시작된다. Et par qui CETTE COUTUME doit-elle être plutôt observée, que par un consul? 등이다.

키케로에는 다음과 같은 유사한 예들이 많다. Itaque alii cives Romani, ne cognoscerentur, capitibus obvolutis a carcere ad palum, atque ad necem rapiebantur : alii, quum a multis civibus Romanis recognoscerentur, ab omnibus defenderentur, securi feriebantur. QUORUM ego de acerbissima morte, crudelissimoque crucatu dicam, quum eum locum tractare coepero?[15] 여기서 quorum은 프랑스어에서 de illorum morte가 있는 것처럼 해석된다.

또다른 경우는 관계대명사가 거의 대명사의 용법만을 취하는 것으로, 그리스인들의 ὅτι에 나타나며, 『그리스어의 새로운 방법』이 발간되기 이전에는 어느 누구도 그 본질을 아직 정확하게 파악하지 못했던 것 같다. 이 소사는 라틴어의 quod와 깊은 관

---

15) (역주) 따라서 로마 시민들 중 어떤 사람들은 알려지지 않기 위해서 감옥으로부터 처형되는 기둥이 있는 곳까지 머리를 감싸고 갔으며, 그러고는 죽음에 내던져졌다. 반면에 다른 사람들은 많은 로마 시민들이 알게 되자, 그로부터 피하기 위해 참수형에 처해졌다. 내가 이 대목을 다루고자 할 때, 이들의 가장 참혹한 죽음과 잔인한 고문에 대해 말씀드리고자 합니다.

계가 있다. quod가 라틴어의 관계대명사에서 취해진 것처럼, 이 것도 그리스어의 관계대명사에서 취해졌다. 그렇긴 하지만 quod 와 ὅτι의 본질 사이에는 대부분 현저한 차이가 나타난다. 라틴어 에서 이 소사는 대명사의 용법이 없어진 관계대명사에 지나지 않으므로, 연결의 기능만을 간직하고 있다. 이에 반해서 그리스 어의 소사는 대부분 연결의 용법이 없어지고 대명사의 용법만을 취하고 있다. 이 점에 관해서는 『라틴어의 새로운 방법』 중에서 「부사에 관한 고찰」, no. 4와 『그리스어의 새로운 방법』 liv. 8, chap. II를 참조할 수 있다. 그래서 예를 들면, 「묵시록」의 제3장 에서 예수가 자신에 대해 만족해 하고 있던 주교를 비난하면서 그에게 Λέγεις ὅτι πλούσιός εἰμι ; dicis quod dives sum라고 했을 때, 그것은 quod ego qui ad te loquor dives sum이라고 하는 것이 아니라, dicis hoc(당신은 이것을 말하는데), 즉 dives sum(나는 부유하다)라는 뜻이 된다. 따라서 두번째 절이 첫번째 의 일부가 되지 않고도 두 개의 기도문 또는 분리된 절이 성립된 다. 이와 같이 ὅτι는 여기에서 관계대명사나 연결의 역할을 전혀 하지 않는다. 이것은 우리가 다음의 제17장에서 언급하려는 것처 럼, 유대인들의 관습에서 취해 왔던 것처럼 보인다. 그리고 이 점 은 그리스어에서 많은 어려운 명제를 해결하는 데 참고해야 할 필요가 있다.

제 *10* 장

**┃ 프랑스어의 규칙 검토 ── 관사 없는 명사 뒤에는
관계대명사를 사용하지 않는다. ┃**

내가 이 규칙을 검토하게 된 것은, 언어에 대해서 깊이 추론하기
위해 상당히 중요한 많은 사항을 다루면서 이 규칙을 언급할 필요
가 생겼기 때문이다.

보줄라가 아주 정확한 다른 몇 가지 규칙들과 함께 이 규칙을
최초로 공표했는데 그것에 대한 고찰은 다음과 같다. 관사 없는
명사 뒤에서는 qui를 절대로 사용하지 않는다. 따라서 다음과 같
이, Il a été traité avec violence(그는 난폭하게 다루어졌다)라고
할 수 있지만 이러한 난폭함이 완전히 비인간적이었다는 것을
나타내고자 한다면, 여기에 관사를 덧붙여야만 그것을 표현할 수
있다. Il a été traité avec une violence qui a été tout à fait
inhumaine.

이것은 우선 매우 합리적인 것처럼 보인다. 그러나 프랑스어에는 다음과 같이 이 규칙에 어긋나는 것처럼 보이게 말하는 방법이 여러 가지가 있다. Il agit en politique qui sait gouverner(그는 통치할 줄 아는 정치가로 처신한다). Il est coupable de crimes qui méritent châtiment(그는 벌을 받아야할 죄를 지었다). Il n'y a homme qui sache cela(이것을 아는 사람은 아무도 없다). Seigneur, qui voyez ma misère, assistez-moi(내 불행을 아시는 주님이시어, 나를 구원해 주십시오). Une sorte de bois qui est fort dur(매우 견고한 일종의 나무). 이 규칙을 더 일반적이 되게 하는 용어로 표현할 수가 없다면, 이 규칙에 어긋나는 것처럼 보이는 위의 어법과 또 이와 유사한 어법들은 실제로 이 규칙에 어긋나는 것이 아니다. 그러므로 이 규칙을 내가 이해하는 바로는 다음과 같은 것이다.

프랑스어의 현재 용법에서, 관사에 의해서나 또는 관사처럼 명사를 한정시키는 어떤 다른 것에 의해서 명사가 한정되지 않는다면, 보통 명사 뒤에서 절대로 qui를 사용하지 말아야 한다.

이 점을 잘 이해하기 위해서는, 보통 명사에서 두 가지 사항을 구별해야 한다. 즉 의미는 고정되어 있다는 것과 (만일 의미가 다의나 은유에 의해서 때때로 변화한다면, 그것은 우연한 일이기 때문이다) 이 의미의 범위는 명사가 종류 전체, 또는 확실하거나 불확실한 일부분을 취하는 데 따라서 변화하기 쉽다는 것이다.

보통 명사를 일반적인 것이나 특별한 것으로 취급하여야 하는 표지가 아무것도 없을 때, 이 명사가 비한정적 indéterminé이라고 말한다. 그래서 그것이 확실하거나 불확실한 개체를 위한 것이라면, 특별하게 취급되이야 한다. 이에 반해서 명사를 한정시키는 어떤 것이 있을 때, 그 명사가 한정적 déterminé이라고 말한다. 이것으로 한정적이라는 것은 제한적이라는 의미가 아니라는 것을 알 수 있다. 우리가 앞에서 살펴본 것에 의하면, Tout homme est raisonnable(모든 인간은 합리적이다)에서처럼 명사 앞에 전체를 나타내는 표지가 있을 때, 보통 명사는 한정적인 것으로 간주되어야 하기 때문이다.

바로 이 점에 근거해서 이 규칙이 형성된 것이다. 앞서 들었던 예, Il a été traité avec violence(그는 거칠게 다루어졌다)에서처럼, 의미만을 고려했을 때는, 보통 명사를 잘 사용할 수 있기 때문이다. 따라서 그 명사를 한정시킬 필요가 없다. 그러나 qui를 붙여서 하는 것처럼 명사에 대해서 특별한 사항을 말하고자 할 때, 보통 명사의 범위를 한정하는 관사가 있는 언어에서는, 이 qui가 무엇에 관계되는지, 즉 이것이 보통 명사가 의미할 수 있는 모든 것에 관계되는지, 혹은 확실하거나 불확실한 일부분에 관계되는지를 더 잘 알기 위해서 관사를 사용한다는 것은 아주 합리적이라고 할 수 있다.

그러나 또한 관사는 이러한 경우에 보통 명사를 한정시키기 위해서만 필요하기 때문에, 만일 명사가 다른 곳에서 한정된다면, 거기에 관사가 있는 것과 마찬가지로 qui를 덧붙일 수 있다는 것을 알 수 있다. 바로 이러한 점 때문에, 이 규칙이 더 일반적으로 되도록 표현해야 한다. 또한 이것은 이 규칙에 어긋나는 것처럼 보이게 말하는 거의 모든 방법이 사실은 이 규칙에 들어맞는다는 것을 보여주기도 하는데, 관사 없이 사용된 명사도 사실 어떤 다른 것에 의해서 한정되기 때문이다. 그러나 어떤 다른 것이라고 말할 때, qui를 그것에 포함시킨다는 것은 이해할 수 없다. 그렇게 되면, 관사 없는 명사 뒤에서는 qui 자체로 한정되게 말할 때만 qui를 사용한다고 할 수 있으므로, 이 규칙에 어긋나는 사항이 절대로 없다고 할 수 있기 때문이다.

따라서 이 규칙에 대립시킬 수 있는 거의 모든 경우에 대한 이유를 설명하기 위해서, 관사 없는 명사가 한정될 수 있는 다양한 방법들을 고려해야만 한다.

1 독특한 사물만을 뜻하는 고유 명사는 그 자체로 한정되는 것이 확실하며, 바로 이러한 이유로 나는 규칙에서 보통 명사에 대해서만 말하였다. 다음과 같이 말하는 것이 아주 잘 말하는 것이라는 데 대해서는 의심할 여지가 없다. Il imite Virgile, qui est le premier des poètes(그는 최고의 시인 베르길리우스를 모방한다). Toute ma confiance est en Jésus-Christ, qui m'a racheté(나의 모든 믿음은 나를 구원해 주신 예수에게 있다).

2 호격도 역시 호격의 본질 자체에 의해서 한정된다. 따라서 거기에 qui를 결합시키기 위해서는 관사를 사용하지 않도록 주의해야 한다. 관사를 없애야만 그것이 호격이 되고, 또 주격과 구별되기 때문이다. 따라서 다음과 같은 표현은 전혀 이 규칙에 어긋나지 않는다. Ciel qui connaissez mes maux(나의 고통을 알고 계시는 주님이시어). Soleil qui voyez toutes choses(전지전능하신 태양이시어).

3 ce(이, 그, 저), quelque(어떤), plusieurs(몇몇)와 deux(둘), trois(셋)과 같은 수 형용사와 tout(모든), nul(아무런), aucun(어떠한) 등은 관사와 마찬가지로 명사를 한정시킨다. 이것은 너무도 분명하여서 더 설명이 필요 없다.

4 부정절에서는 부정이 가해지는 말이 부정 그 자체에 의해 일반적인 의미를 취하게 되므로 한정되는데, 부정의 특성은 모든 것을 제거하는 데 있다. 바로 이러한 까닭으로 긍정문에서는 관사를 사용한다. Il a de l'argent, du coeur, de la charité, de l'ambition(그에게는 돈, 감정, 자비심, 야망이 있다). 그리고 부정문에서는 관사가 필요 없다. Il n'a point d'argent, de coeur, de charité, d'ambition(그에게는 돈, 감정, 자비심, 야망이 없다). 이것은 또한 이러한 어법이 위의 규칙에 어긋나지 않는다는 것을 보여준다. Il n'y a point d'injustice qu'il ne commette(그가 저지른 짓에 부당한 점은 하나도 없다). Il n'y a homme qui sache cela(이것을 아는 사람은 하나도 없다). 다음 문장도 마찬가지로 어긋나지 않는다. Est-il ville dans le royaume qui soit plus obéissant(이 왕국에서 이보다 더 복종적인 도시가 있습니까?)? 왜냐하면 의문을 제기하면서 긍정하는 것은 다음과 같이 부정의 의미로 환원될 수 있기 때문이다. Il n'y a point de ville qui soit plus obéissante(이보다 더 복종적인 도시는 전혀 없다).

5 긍정절에서 주어가 속사를 자신에게로 끌어당기는 것, 다시 말해서 속사를 한정하는 것은 매우 참된 논리적 규칙이다. 이로써 다음과 같은 추론은 거짓이다. L'homme est animal, le singe est animal, donc le singe est homme(사람은 동물이며, 원숭이도 동물인데, 그러므로 원숭이도 사람이다). 왜냐하면 animal은 첫번째 두 절에서 다 속사이지만, 두 개의 다른 주어가 두 개의 다른 종류의 animal을 한정하기 때문이다. 따라서 다음과 같이 말하는 것이 이 규칙에 전혀 어긋나지 않는다. Je suis homme qui parle franchement(나는 솔직하게 말하는 사람이다). 여기에서 homme

(사람)는 je(나)에 의해서 한정되기 때문이다. 더 틀림없는 사실은
qui 뒤에 오는 동사는 3인칭 보다는 1인칭이 훨씬 낫다는 것이
다. Je suis homme qui ai bien vu des choses(나는 상황을 잘 판
단했던 사람이다)가 3인칭을 사용한 qui a vu bien des choses보
다 나은 표현이다.

6 sorte(부류), espèce(종류), genre(양식)과 이와 유사한 말들
은 뒤에 오는 말을 한정하므로 관사가 전혀 필요없다. Une sorte
de fruit라고 하지 d'un fruit라고 하지 않는다. 따라서 Une
sorte de fruit qui est mûr en hiver(겨울에 익는 과일 종류), une
espèce de bois qui est fort dur(아주 단단한 나무 종류)라고 말
할 수 있다.

7 라틴어의 ut와 의미가 같은 소사 en은, vivit ut rex ; il vit
en roi(그는 왕처럼 산다)에서와 같이, 그 자체에 comme un roi
(왕처럼), en la manière d'un roi(왕의 식으로)와 같은 가치의 관
사를 내포하고 있다. 그 때문에 다음과 같이 말하는 것이 전혀
규칙에 어긋나지 않는다. Il agit en roi qui sait règner(그는 통치
할 줄 아는 왕처럼 행동한다). Il parle en homme qui sait faire
ses affaires(그는 사업을 잘하는 사람처럼 말한다). 즉 comme un
roi나 comme un homme(사람처럼)와 마찬가지로 쓰인 것이다.

8 복수와 함께 단독으로 사용되는 de는 앞의 관사 부분에서
보았던 것처럼, 관사 un의 복수형인 des에 해당된다. 따라서 다
음과 같은 어법은 아주 훌륭하며, 규칙에도 전혀 어긋나지 않는
다. Il est accablé de maux qui lui font perdre patience(그는
고통에 짓눌려서 인내심을 잃었다). Il est chargé de dettes qui
vont au delà de son bien(그는 자기 재산보다 더 많은 빚을 지

고 있다).

9 좋은 어법이던 나쁜 어법이던 다음과 같이 C'est grêle qui tombe(우박이 떨어진다), Ce sont gens habiles qui m'ont dit cela(재주 있는 사람이 그것을 내게 말해주었다)라고 말하는 것은 이 규칙에 어긋나지 않는다. 이때 qui는 관사 없는 명사에 전혀 관계되지 않고, 모든 성과 모든 수에 속하는 ce에 관계되기 때문이다. 관사 없는 명사 grêle(우박), gens habiles(재주 있는 사람)는 내가 단언하는 것으로, 따라서 속사이며, qui는 내가 그것에 대해서 단언하는 주어의 일부분을 이루고 있다. 내가 ce qui tombe(떨어지는 것)에 대해서 단언하는 것은 c'est de la grêle(우박)이며, ceux qui m'ont dit cela(그것을 내게 말해 줬던 사람들)에 대해서는 ce sont des gens habiles(재주 있는 사람들)이기 때문이다. 따라서 qui는 절대로 관사 없는 명사와 관계를 맺고 있지 않으므로, 이것은 전혀 이 규칙에 위배되지 않는다.

만일 이 규칙에 어긋나는 것처럼 보이는 다른 어법이 있다면, 그리고 위의 모든 관찰 사항으로도 그 이유를 밝힐 수 없다면, 그것은 거의 언제나 관사를 생략했던 고어 수사법의 잔재일 것이다. 그런데 현재 사용되고 있는 언어를 연구하는 사람들은 언제나 일반적이며 이론의 여지가 없는 용법으로 인정된 어법들이, 그 언어의 규칙과 유추에 어긋난다 하더라도, 그 어법을 훌륭한 것으로 간주해야만 한다는 것이 준칙이다. 그러나 규칙을 믿지 않게 하고 유추의 질서를 깨뜨리기 위해서, 그리고 그 결과로 용법에 어긋나는 어법을 묵인하기 위해서도 이러한 잘못된 어법을 인용해서는 안 된다. 다시 말해서 이러한 준칙을 지켜보지도 않

고 이상한 용법에만 집착하면, 언어를 언제나 불확실하게 만들
것이며, 또 어떠한 원칙도 없게 되어서 언어가 절대로 고정될 수
없을 것이다.

제 11 장

▌전치사 ▌

우리는 앞의 제6장에서 격과 전치사는 똑같은 용법을 위해서 만들어졌다고 했다. 그 용법이란 사물들이 서로에게 갖는 관계를 나타내는 것이다.

모든 언어에서 거의 똑같은 관계가 전치사로 나타내진다. 이 때문에 프랑스어의 전치사로 표시된 가장 중요한 관계를 여기에서 요약하는 것으로 만족하겠다. 그것을 자세하게 열거하지는 않겠지만, 이것은 개별어 문법에는 꼭 필요할 것이다.

전치사의 중요한 관계를 도표로 요약하면 다음과 같다.

장소, 상황, 순서	chez(……의 집에)	Il est chez le roi(그는 왕국에 있다).	
	dans(…… 안에)	Il est dans Paris(그는 파리에 있다).	
	en(……에서)	Il est en Italie(그는 이탈리아에 있다).	
	à(……에)	Il est à Rome(그는 로마에 있다).	
	hors(…… 밖에)	Cette maison est hors de la ville(이 집은 도시 밖에 있다).	
	sur ou sus(…… 위에)	Il est sur la mer(그는 바다 위에 있다).	
	sous(…… 아래에)	Tout ce qui est sous le ciel(모든 것이 하늘 아래에 있다).	
	devant(…… 앞에)	Un tel marchait devant le roi(어떤 사람이 왕 앞을 걸어갔다).	
	après(…… 뒤에, 후에)	Un tel marchait après le roi(어떤 사람이 왕을 뒤쫓아 걸어갔다).	
시간	avant(…… 전에)	Avant la guerre(전쟁 전에)	
	pendant(…… 하는 동안에)	Pendant la guerre(전쟁 동안)	
	depuis(…… 이래로)	Depuis la guerre(전쟁 이후부터)	
장소	……를 향하여	en(……에)	Il va en Italie(그는 이탈리아로 간다).
		à(……에)	à Rome(로마에서)
		vers(……를 향하여)	L'aimant se tourne vers le nord(자석은 북쪽을 향한다).
		envers(……를 향하여)	Son amour envers Dieu(주님을 향하 그

			의 사랑)
	……로부터 떠나는	de(……로부터)	Il part de Paris (그는 파리에서 출발한다).
원인	결과를 낳는	par(……에 의해)	Maison bâtie par un architecte (건축가에 의해 지어진 집)
	물질적인	de(……로)	de pierre ou de brique(돌이나 벽돌로)
	목적의	pour(…… 하기 위해)	pour y loger(그곳에 묵기 위해서)
그 이외의 다른 관계	결합	avec(함께)	les soldats avec leurs officiers(장교들과 함께 있는 병사들)
	분리	sans(없이)	les soldats sans leurs officiers(장교들이 없는 병사들)
	제외	outre(…… 이외에)	compagnie de cent soldats, outre les officiers (장교들 이외에, 백명의 병사 중대)
	대립	contre(대항해서)	soldats révoltés contre leurs officiers(장교에 대항한 병사들)
	삭제	de(제외된)	soldats retranchés du régiment (연대에서 배제된 병사들)

| | 치환 | pour(……로) | rendre un pri-sonnier pour un autre(포로를 다른 포로와 교환하다). |
| | 일치 | selon(따라서) | selon la raison (이성에 따라서) |

모든 언어에서나 특히 프랑스어에서 전치사에 관해 주목해야 할 몇 가지 사항이 있다.

첫번째, 어떠한 언어에서도 전치사는 이성적인 원칙을 따르지 않았다는 점이다. 이성적인 원칙이란 한 가지 관계가 하나의 전치사로만 나타나고, 같은 전치사는 단 한 가지 관계를 나타낸다는 것이다. 그러나 이와 반대로 모든 언어에서는 프랑스어의 예에서 본 것처럼, 같은 관계가 dans, en, à처럼 몇 가지 전치사로 표현되고, 또 en, à와 같이 똑같은 전치사가 여러 가지 관계를 나타낸다. 이것이 바로 종종 헤브라이어와 헤브라이어풍이 강한 그리스어 성서가 모호해지는 이유이다. 유대인들에게는 전치사가 거의 없어서, 같은 전치사를 서로 매우 다른 용법에도 사용한다. 전치사 ב는 단어와 결합하기 때문에 접사라고 불리는데, 여러 가지 의미를 뜻한다. 신약 성서의 작가들은 이것을 ἐν, in으로 바꿔서 매우 다른 의미로 이해했다. 특히 성인 바울에서 볼 수 있는 것처럼, 이 in은 때때로 par로 이해되었다. Nemo potest dicere, Dominus Jesus, nisi in spiritu sancto(주 예수시여, 아무도 거룩한 성령에 의하지 않고는 말할 수 없습니다). 또 때로는 selon으로 이해되기도 하고, Cui vult nubat, tantum in Domino (오로지 주님의 뜻에 따라 원하는 사람과 결혼하기를), 때로는 avec

로 이해되기도 하며 Omnia vestra in charitate fiant(당신의 모든 일이 주님의 은혜와 함께 이뤄지기를), 혹은 또다른 방법으로 풀이 되기도 한다.

두번째, de와 à가 속격과 여격을 나타내는 표지가 될 뿐만 아 니라, 다른 관계를 나타내는 전치사로도 사용된다. Il est sorti de la ville(그는 도시에서 떠나갔다)나 Il est allé à sa maison(그는 시골 집으로 갔다)라고 할 때, 여기에서 de는 속격을 의미하지 않 고 전치사 ab나 ex(…에서, …로부터)를 의미하며(egressus est ex urbe), 또 à는 여격을 나타내지 않고, 전치사 in(…로)을 의미하 기 때문이다(abiit in villam suam).

세번째, 다섯 개의 전치사 dans, hors, sus, sous, avant과, 이 것과 같은 의미를 지녔지만 적어도 보통은 전혀 전치사가 아닌 다섯 개의 단어 dedans, dehors, dessus, dessous, auparavant을 구별해야 한다.

이 가운데 끝 단어인 auparavant은 절대적으로 사용되는 부사 로 명사 앞에는 두지 않는다. 그래서 Il était venu auparavant(그 는 전에 왔었다)라고는 하지만, Il était venu auparavant dîner라 고 해서는 안 되며, avant dîner(저녁 식사 전에)나 avant que de dîner라고 해야 한다. 그리고 다른 네 단어인 dedans(안에), dehors(밖에), dessus(위에), dessous(안에)는 le dedans, le dehors, au dedans, au dehors와 같이 거의 항상 관사와 함께 사 용된다는 점에서, 명사라고 생각된다. 그리고 이들은 속격으로 놓인 명사를 지배하며, 실사 명사의 보어가 된다. au dedans de la maison(집의 안에서). au dessus du toit(지붕 위에서).

그렇지만 보줄라가 정확하게 지적한 예외가 있다. 그것은 두 개의 상반되는 이러한 단어를 함께 놓고 다만 명사를 마지막에 결합시켰을 때, 이 단어들은 다음 문장에서처럼 전치사가 된다는 것이다. La peste est dedans et dehors la ville(페스트가 마을 안과 밖을 떠돌고 있다). Il y a des annimaux dessus et dessous la terre (땅 위와 밑에 동물들이 있다).

네번째, 네 개의 소사 en, y, dont, où에 관한 것으로, 이들은 전체 범위에서 de나 à를 의미하며, 또 lui나 qui를 뜻하기도 한다. en은 그에게서, y는 그에게로, dont은 누구에게서, où는 누구에게로를 각각 의미한다. 그래서 이 소사들의 중요한 용법은 대명사에서 언급했던 두 가지 규칙을 관찰하면 된다. lui와 qui는 속격, 여격, 탈격에서 보통은 사람에 대해서만 사용된다. 그래서 사물에 대해 말하고자 할 때는, 속격 de lui나 대명사 son 대신에 en을 사용하고, 여격 à lui 대신에는 y를 사용한다. 속격 de qui나 duquel 대신에는 사물에 dont을 사용한다. de qui나 duquel을 사물에 대해서 사용할 수도 있지만, 보통은 상당히 따분한 표현으로 여긴다. 그리고 여격 à qui나 auquel 대신에는 사물에 où를 사용한다. 더 자세한 사항은 대명사에 관한 장을 참고할 수 있다.

제 *12* 장

▌부 사 ▌

인간이 문장을 간략하게 하고자 하는 욕구로 부사를 만들어내게
되었다. 대부분의 이 소사들은 전치사와 명사로 함께 나타내는 것
을 단 한 단어로 표현할 수 있다. 그래서 cum sapientia 대신에
sapienter(현명하게)로, in hoc die 대신에 hodie(오늘)로 되는 것
과 같다.

상용어에서는 대부분 이러한 부사들보다는 명사와 전치사를
함께 사용하는데, 이것은 더 우아한 표현이 된다. 따라서 sagement
(현명하게), prudemment(신중하게), orgueilleusement(거만하게),
modérément(온건하게)보다는 avec sagesse, avec prudence, avec
orgueil, avec modération을 더 사용한다. 이에 반해서 라틴어에
서는 부사를 사용하는 것이 더 우아한 표현이라고 생각했다.

그래서 라틴어의 instar(가치), primum(최초로), primo(우선),

partim(일부에서)처럼 명사인 것을 종종 부사로 취급하기도 한다. 『라틴어의 새로운 방법』을 참조할 수 있다. 그리고 프랑스어에서도, 앞 장에서 본 것처럼, dessus, dessous, dedans은 실제로 명사이지만 부사로 취급한다.

그러나 이 소사들은 generose pugnavit(그는 용감하게 싸웠다)에서처럼 동사로 나타내는 행위를 수식하고 결정짓기 위해서 보통 동사에 결합되기 때문에 이 소사들을 부사라고 부른다.

제 *13* 장

▌동사, 그리고 그것에 고유하고 본질적인 것 ▌

지금까지 우리는 사고의 대상물을 의미하는 단어들에 대해 설명하였다. 이제 사고의 방법을 의미하는 것들인 동사, 접속사, 감탄사에 대해서 말할 차례이다.

동사의 본질을 안다는 것은 이 책의 앞 부분에서 말한 것과 관계가 있다. 즉 (내가 la terre est ronde라고 말할 때와 같이) 우리가 어떤 사항에 대해서 하는 판단은 반드시 두 항을 내포하고 있는데, 하나는 주어라고 부르는 것으로, terre와 같이 우리가 그것에 대해서 단언하는 것이고, 다른 하나는 속사라고 부르는 것으로, ronde와 같이 우리가 단언하는 내용이다. 이것 이외에도 이 두 항 사이를 연결해 주는 것이 있는데, 그것은 주어의 속사를 단언하는 우리 정신의 적절한 행위이다.

이렇게 인간은 우리 사고의 대상물을 나타내는 단어를 만들어내는 것과 마찬가지로 우리의 사고 중에서 가장 중요한 방법인 단언을 나타내는 단어를 만들어낼 필요가 있었다.

바로 이것이 동사가 본질적으로 무엇인가 하는 것이다. 동사란 그 중요한 용법이 단언을 의미하는 단어로, 다시 말해서 이 단어가 사용된 문장이, 다만 어떤 사항을 생각할 뿐만 아니라 그것을 판단해서 단언하는 사람의 문장이라는 것을 나타낸다. affirmans, affirmatio처럼 단언을 의미하는 일부 명사와 동사가 구별되는 점은 다음과 같다. 명사는 정신적 숙고에 의해 우리 사고의 대상물이 된다는 것으로써 단언을 의미하기 때문에, 이 단어들을 사용하는 사람이 단언하는 것을 나타내지 않고, 다만 그가 단언을 생각한다는 것을 나타낸다.

동사의 중요한 용법이 단언을 의미하는 것이라고 말했는데, 그 이유는 désirer(원하다), prier(기도하다), commander(명령하다)와 같이 우리 정신의 다른 움직임을 의미하기 위해서도 단언을 사용한다는 것을 뒤에서 알게 되기 때문이다. 그러나 그것은 동사의 어미 변화와 법을 바꾸는 것에 지나지 않는다. 따라서 우리는 이 장 전체에서 동사가 직설법으로 나타내는 중요한 의미에 따라서 동사를 검토할 것이며, 다른 의미에 대해서는 추후에 언급하기로 보류해 둔다.

위의 정의에 따르면, 동사는 그 자체로 우리 정신 속에서 절의 두 항을 연결하는 것 이외의 다른 용법은 전혀 없는 것이라고 말할 수 있다. 그러나 이렇게 단순하기만한 것은 존재 동사라고 부르는 être밖에 없다. 그리고 또 그것은 3인칭 현재 est와, 그리고 어떤 경우에만 엄밀하게 그렇다고 말할 수 있다. 사람들은 당연히 표현을 간략하게 하려고 하기 때문에, 거의 언제나 같은 단어에 단언과 다른 의미를 결합시켰기 때문이다.

1 라틴어에서는 속사의 의미를 동사에 결합시켰다. 그래서 Petrus vivit ; Pierre vit(베드로가 살고 있다)라고 말할 때처럼, 두 단어가 하나의 절을 만들게 된다. vivit라는 단어 하나에 단언이 내포되어 있으며, 그 위에 살고 있다라는 속사가 들어 있기 때문이다. 그래서 Pierre vit라고 하는 것과 Pierre est vivant이라고 하는 것은 같은 뜻이다. 이러한 방법으로 각 언어에는 여러 가지 동사가 생겨났다. 반면에 우리가 동사에 어떠한 특정한 속사를 결합시키지 않고 단언의 일반적 의미를 부여하는 것으로 만족했다면, 각 언어에서 단 한 가지 동사만 필요했을 것인데, 그것은 존재 동사라고 하는 것이다.

2 또 어떤 경우에는 절의 주어를 동사에 결합시켰다. 그래서 두 단어가, 그리고 심지어 한 단어가 절 전체를 이룰 수 있게 된다. 내가 Sum homo(나는 사람이다)라고 말할 때처럼 두 단어도 절이 되는데, sum은 단언을 의미할 뿐만 아니라, 대명사 ego(나)의 의미를 내포하고 있기 때문이다. 이것이 이 절의 주어이며, 프랑스어에서는 이것을 언제나 Je suis homme라고 표현한다. 또 내가 vivo(나는 살아있다), sideo(나는 앉아 있다)라고 말할 때처럼 단어 하나도 절이 된다. 이 동사들은 앞서 말한 것처럼 그 자체에 단언과 속사를 내포하고 있기 때문이다. 그리고 1인칭이기 때문에, 동사에 여전히 주어가 포함되어 있다. 그래서 Je suis vivant(나는 살아 있다), je suis assis(나는 앉아 있다)의 의미가 된다. 이로부터 인칭의 차이가 생겨났는데, 이것은 보통 모든 동사 안에 나타난다.

3 또 동사에다 우리가 단언하는 것에 비추어서 시간에 대한 관계를 첨가하였다. coenasti와 같이 한 단어에 내가 말을 거는 사람에 대해서, 그리고 현재가 아닌 과거의 저녁을 먹은 행위를 단언하는 것이 들어 있다. 여기에서 역시 모든 동사에 공통적인 다양한 시제가 생겨났다.

이와 같이 같은 단어에 다양한 의미가 결합되어 있기 때문에, 아주 능숙한 사람들이라도 동사의 본질을 잘 알 수 없었다. 그들은 동사를 동사에 본질적인 것인 단언에 따라서 관찰하지 않았고, 동사에는 부수적인 것인 관계에 따라서 관찰했기 때문이다.

따라서 아리스토텔레스는 동사의 근본적인 의미에 첨가된 세번째 의미에 주목해서 동사를 다음과 같이 정의했다. 〈동사란 시제와 함께 의미를 나타내는 단어이다.〉

뷔토르프 Buxtorf와 같은 사람들은 두번째 의미를 첨가해서 동사를 정의했다. 〈동사란 시제와 인칭에 따라 다양한 어미 변화를 하는 단어이다.〉

또다른 사람들은 첨가된 의미들 중 첫번째인 속사의 의미에 주목하여, 그리고 단언에 결합시켰던 속사가 보통은 행위와 열정이라고 간주하고서, 〈동사의 근본은 행위나 열정을 의미하는 것〉이라고 생각했다.

끝으로 스칼리저는 그의 저서 『라틴어의 원칙』에서 사물을 머무는 것과 지나가는 것으로 구별하는 것이 명사와 동사 사이를 구별하는 본래의 기원이었다고 주장하면서 대단한 불가사의를 찾아냈다고 생각하였다. 즉 명사는 머무는 것을 의미하고, 동사는 지나가는 것을 의미한다는 것이다.

그러나 이러한 모든 정의가 거짓이고, 동사의 진정한 본질을 전혀 설명해 주지 않는다는 것은 쉽게 알 수 있다.

첫번째 두 가지 정의를 생각해 낸 방법으로 그렇다는 것을 충분히 알 수 있다. 거기에서는 동사가 의미하는 것이 무엇인지를 전혀 말하지 않고, 다만 그것으로 함께 의미하는 시제와 인칭만을 말했기 때문이다.

마지막 두 정의는 더욱더 옳지 않다고 할 수 있다. 이들은 정의로서 가장 큰 두 가지 결함을 나타내고 있다. 그것은 모든 정의에도 적합하지 않고 한 가지 정의에도 부합되지 않는다.

사실 existit(나타내다), quiescit(쉬다), friget(식다), alget(진정하다), tapet(덮이다), calet(덥다), albet(희게 되다), viret(파랗게 되다), claret(빛나다) 등과 같이 행위나, 열정, 또는 지나가는 것을 의미하지 않는 동사들이 있기 때문이다. 이 점에 관해서는 다른 부분에서 다시 이야기하겠다.

그리고 또 전혀 동사가 아니면서 행위와 열정을 의미하는 말들이 있고 심지어는 스칼리저의 정의에 따르면 지나가버리는 사항을 의미하는 말들도 있다. 왜냐하면 분사는 틀림없는 명사인데, 그럼에도 불구하고 능동 동사의 분사도 본래의 동사처럼 행위를 의미하며, 또 수동 동사의 분사도 본래의 동사처럼 열정을 의미하기 때문이다. 그래서 fluens(흐르는)이나 fluit(흐름)도 꼭 마찬가지로 지나가버린 사항을 의미한다고 할 수 있다.

동사의 첫번째 두 정의에 반해서 덧붙일 수 있는 것은, 특히 그리스어에서는 분사도 현재, 과거, 미래가 있기 때문에, 역시 시제로써 의미를 나타낼 수 있다는 점이다. 그리고 호격이 주격과 다른 어미를 가질 때, 호격이 틀림없이 2인칭이라고 생각하는 사람들은 이와 유사하게 동사와 분사 사이에도 다소간의 차이만 있을 뿐이라고 판단할 것이다.

그러나 분사를 절대로 동사가 아니라고 생각하는 근본적인 이유는, 그것이 전혀 단언을 의미하지 않는다는 점이다. 이로써 이 것은 동사를 첨가해서만, 즉 동사를 분사로 변화시키면서 동사에서 제거한 것을 다시 첨가해서만, (동사의 특성인) 절을 만들 수 있게 된다. Petrus vivit ; Pierre vit는 절이고, Petrus vivens ; Pierre vivant은 est를 첨가해서 Petrus est vivens ; Pierre est vivant으로 만들지 않으면 절이 되지 않는다. vivit 속에 내포된 단언이 분사 vivens를 만들면서 없어져버렸기 때문일까? 이로써 단어 속에 들어 있거나 들어 있지 않은 단언이 그 단어를 동사로, 또는 동사가 아닌 것으로 만드는 것처럼 보인다.

또 한 가지 주목할 수 있는 사실은, 우리가 le boire(마실 것), le manger(먹을 것)라고 말할 때, 아주 대부분이 명사에 해당되는 부정법은 분사와 다르다. 분사는 형용사이고, 부정법은 그 동사를 추상화시켜 만든 실사적 명사라는 점이다. candidus(하얀)에서 candor(하양)가 만들어지는 것과 똑같이, blanc(하얀)에서 blancheur(하양)가 나왔다. 동사 rubet는 단언과 속사를 함께 내포하고 있는 est rouge(빨갛다)를 의미한다. 분사 rubens는 단언없이 단순하게 rouge를 뜻한다. 그리고 명사로 취급되는 rubere는 rougeur(빨강)를 뜻한다.

그러므로 동사에 본질적인 것만을 단순하게 고려한다면, 그 정의는 일정할 것이다. 결국 동사에 대한 진정한 정의란, 〈단언을 의미하는 단어〉라고 할 수 있다. 단언을 나타내는 단어로 동사가 아닌 것은 찾아낼 수 없다. 또 적어도 식설법에서는 단언을 나타내는 데 사용되지 않는 동사는 없다. 그래서 est처럼 시간이나 인칭에 따라 어떠한 차이도 없이 언제나 단언을 나타내며, 여러 가지 인칭은 명사와 대명사에 의해서만 나타나고, 여러 가지 시간은 부사에 의해서 나타나는 단어를 만들어냈다면, 이것은 진정한 동사가 될 수 없다는 것이 확실하다. 실제로 철학자들이 영원한 진리라고 부르는 다음과 같은 절에서, Dieu est infini(주님은 무한한 존재이다), Tout corps est divisible (모든 물체는 나뉠 수 있다), Le tout est plus grand que sa partie(전체는 부분보다 크다), 단어 est는 시간에 관계 없이 단순한 단언만을 의미하는데, 위와 같은 사항은 어떤 여러 가지 인칭을 고려하지 않고도 어느 때나 사실이기 때문이다.

따라서 동사는 그것의 본질적인 면에 의하면 단언을 의미하는 단어이다. 그러나 동사의 정의에 중요한 부수적 사항을 덧붙인다면, 다음과 같이 정의될 수 있을 것이다. 〈인칭, 수, 시간을 나타내면서 단언을 의미하는 단어.〉 이 정의는 존재 동사에 훌륭하게 들어맞는다.

속사와 함께 결합하여 단언을 만들었던 다른 동사들도 다음과 같이 정의될 수 있다. 〈인칭, 수, 시간을 나타내면서 어떤 속사의 단언을 나타내는 단어.〉

그리고 단언이란, 생각된 것으로서, 동사 affirmo에서와 같이 또한 동사의 속사가 될 수 있기 때문에, 이 동사는 두 가지 단언을 의미한다고 볼 수 있다. 하나는 말하는 사람에 관계되고, 다른 하나는 그것이 자기 자신에 대해서든 다른 사람에 대해서든 그 사람에 대해서 말하는 관계이다. 내가 Petrus affirmat(베드로는 단언한다)라고 말할 때, affirmat(단언한다)는 est affirmans(단정적이다)과 마찬가지이기 때문이다. 여기에서 est는 나의 단언이나 혹은 베드로에 관해서 내가 하는 판단을 나타낸다. 그리고 affirmans(단정적)은 내가 생각해 내서 베드로에게 부여한 단언을 나타낸다.

이에 반해서 동사 nego(부인하다)는 똑같은 이유로 긍정과 부정을 다 포함하고 있다.

우리의 모든 판단이 긍정만이 아니고, 부정도 있기는 하지만, 동사는 그 자체로 긍정만을 나타내며, 부정은 소사 non, ne나 부정을 내포하고 있는 nullus, nul(어떤 사람도), nemo, personne (아무도)와 같은 명사에 의해서만 나타나기 때문이다. nullus, nemo는 동사와 결합해서 긍정을 부정으로 바꾼다. Nul homme n'est immortel(불멸인 사람은 아무도 없다). Nullum corpus est indivisible(분해되지 않는 물체는 아무것도 없다).

그러나 동사의 본질을 설명하고, 그것에 따르는 중요한 부수적 사항을 간략하게 나타내고 나니, 이제는 이들 부수적 사항을 조금은 더 특별하게 고찰하는 것이 필요하다. 그래서 모든 동사에 공통적인 여러 가지 인칭, 수, 시제의 변화로부터 시작할 필요가 있다.

제 *14* 장

▌동사에 나타나는 인칭과 수의 여러 가지 변화 ▌

동사에 나타나는 여러 가지 인칭과 수의 변화는, 적어도 어떤 경우에는 간략하게 하기 위해서, 같은 단어 안에 절의 주어와 동사에 고유한 단언을 결합시키고자 했던 데서 유래했다고 이미 설명했다. 어떤 사람이 자신에 대해서 말할 때, 절의 주어는 1인칭 대명사인, ego, moi, je이다. 그리고 그가 말을 거는 사람에 대해서 말을 할 때는 절의 주어가 2인칭 대명사인 tu, toi, vous이다.

그런데, 이들 대명사를 항상 사용하지 않으려면, 단언을 의미하는 단어에, 자기가 하는 말이라는 것을 나타내는 어떤 어미를 덧붙이는 것이 좋을 것이라고 생각했다. 바로 이것을 동사의 1인칭이라고 불렀다. Video ; je vois(나는 본다).

우리가 말을 거는 상대방에 대해서도 똑같이 했다. 그래서 이것을 2인칭이라고 불렀다. Vides ; tu vois(너는 본다). 그리고 자

129

기 자신을 다른 사람과 결합해서 자기 자신에 대해 말할 때, nos, nous, 또는 우리가 말을 거는 상대방에 대해서 그를 마찬가지로 다른 사람과 결합시켜서 말할 때, vos, vous, 복수형에도 마찬가지로 두 가지 다른 어미를 부여했다. Videmus ; nous voyons(우리는 본다), videtis ; vous voyez(너희들은 본다).

그러나 절의 주어가 종종 자기 자신도 아니고, 우리가 말을 거는 상대방도 아니기 때문에, 이 두 가지 어미를 이들 두 종류의 인칭에 한정시키면, 절의 모든 다른 주어에 부합되는 세번째 어미를 만들어내는 것이 반드시 필요했다. 그래서 이것을 단수에서나 복수에서 3인칭이라고 불렀다. 인칭이라는 단어가 엄밀하게 합리적이고 지적인 실체에만 어울리기는 하지만, 이것은 첫번째 두 경우에만 해당된다고 할 수 있으며, 3인칭은 사람에게만이 아니라, 모든 종류의 사항에 해당된다.

이 사실로부터 당연히 3인칭이라고 부르는 것은, 모든 동양의 언어에서도 그런 것처럼, 동사의 어간임에 틀림없다. 동사란 특별히 어떤 주어를 나타내지 않고 우선적으로 단언을 의미하며, 그리고 나서 새로운 변화에 의해 주어로 1인칭 또는 2인칭을 포함하게 된다는 것이 더 자연스럽기 때문이다.

첫번째 두 인칭에 나타나는 여러 가지 어미를 보면 고대 언어들이 드물게, 그리고 아주 특별한 경우에만 1인칭과 2인칭의 대명사를 동사에 결합시켜서, video, vides, videmus, videtis라고 말했던 그 대단한 이유를 알 수 있다. 바로 이것 때문에, 이들 대명사를 동사에 결합시키지 않기 위해서, 원래 이 어미가 만들어졌다. 그렇지만 상용어들, 특히 프랑스어는 언제나 대명사와 동사를 결합시켜서, je vois, tu vois, nous voyons, vous voyez가

된다. 이것은 아마도 er로 이루어진 aimer와 같은 모든 동사들이 1인칭과 3인칭에서 j'aime, il aime로, 또다른 동사들은 1인칭과 2인칭에서 je lis, tu lis와 같이 유사한 어미를 나타내듯이, 몇 개의 인칭이 상당히 자주 같은 어미를 갖는 데서 유래한 것 같다. 이탈리아어에서는 단수에서 세 가지 인칭이 대부분 유사하다. 그뿐만 아니라, 종종 일부 프랑스어 인칭은 대명사와 결합하지 않고 명령법이 되어, vois(보아라), aime(사랑하라), lis(읽어라) 등처럼 나타난다.

그리스인들은 동사에도 명사처럼 단수와 복수가 있을 뿐만 아니라, 두 가지 사항에 대해서 말할 때 쌍수 duel라는 것을 더 첨가했는데, 이것은 아주 드물게 사용되었다.

동양의 언어에서는 심지어 단언이 어떤 성에 관계되었을 때, 남성 또는 여성을 구별하는 것이 좋다고 생각하였다. 이 때문에 대체로 이 언어에서는 두 가지 성에 사용하기 위해서 같은 인칭의 동사에 두 가지 다른 어미를 주었는데, 이것은 종종 모호함을 없애기 위해서 사용되었다.

제 15 장

▌동사의 여러 가지 시제 ▌

동사의 단언에 결합되어 있다고 했던 또다른 사항은 시제에 대한 의미이다. 단언은 여러 가지 시간에 따라 이루어질 수 있기 때문이다. 우리는 어떤 사항이 그러하다거나, 그러했다거나, 그러할 것이라고 단언할 수 있기 때문인데, 이것으로부터 다양한 시제를 의미하기 위해서 동사에 다른 변화를 주게 되었다.

다음과 같이 세 가지 단순 시제가 있다. amo(나는 사랑한다)와 같은 현재와 amavi(나는 사랑했다)와 같은 과거, 그리고 amabo(나는 사랑할 것이다)와 같은 미래이다.

그러나 과거에서는 사항이 지금 막 이루어졌거나, 또는 무한정으로 사항이 이루어져 있었다는 것을 나타낼 수 있기 때문에, 이로부터 대부분의 상용어에는 두 종류의 과거가 생겨났다. 하나는 정확하게 이루어진 사항을 나타내며, 이것 때문에 정과거 défini

라고 부르는데, j'ai écrit(나는 썼다), j'ai dit(나는 말했다), j'ai fait(나는 했다), j'ai dîné(나는 저녁 식사를 하였다)와 같은 것이다. 그리고 다른 하나는 사항이 불확정적으로 이루어진 것을 나타내는데, 이것을 부정 과거 indéfini 또는 불한정 과거 aoriste라고 부른다. J'écrivis(나는 썼다), je fis(나는 했다), j'allais(나는 갔다), je dînai(나는 저녁 식사를 하였다) 등과 같이 이것은 우리가 말하는 시점에서 적어도 하루는 더 멀어진 시간에 대해서 말하는 것이다. 예를 들어 j'écrivis hier(나는 어제 글을 썼다)라고 하지, j'écrivis ce matin(나는 오늘 아침에 글을 썼다)이나 j'écrivis cette nuit(나는 오늘 밤에 글을 썼다)라고는 하지 않는다. 그 대신에 j'ai écrit ce matin(나는 오늘 아침에 글을 썼다)이나 j'ai ecrit cette nuit(나는 오늘 밤에 글을 썼다)라고 말해야 한다. 스페인인들과 이탈리아인들이 때때로 두 가지 과거를 혼동하기는 하지만, 프랑스어는 표현이 매우 정확한 특성을 가졌기 때문에, 이 점에 있어서는 어떠한 예외도 없다.

미래에서도 역시 똑같은 차이를 나타낸다. 곧 일어나야만 할 사항을 나타내고 싶은 기분이 들 수 있기 때문이다. 그리스인들에게는 수동 근미래 paulopost-futur(μετ ὀλίϒον μέλλον)가 있는데, 이것은 사항이 앞으로 이루어질 것이거나 또는 πεποιήσομαι ; je m'en vais faire(나는 하러 갑니다)처럼 거의 이루어진 것으로 생각하여야 할 것을 나타낸다. 그리고 또한 사항을 ποιήσω ; je ferai(나는 할 것이다), amabo ; j'aimerai(나는 좋아할 것이다)와 같이 단순하게 일어나야할 것으로 표현할 수도 있다.

이것이 시제를 현재, 과거, 미래의 본질에서 간단히 고찰해 본 것이다.

그러나 각각의 시제를 다른 시제와 비교해서 한 단어로 나타내고자 했기 때문에, 동사에서 또다른 변화를 만들어내게 되었다. 이것을 의미상으로 복합 시제 temps composés dans le sens라고 부를 수 있으며, 여기에도 또한 세 가지가 있다.

첫번째 것은 현재와 비교해서 과거를 나타내는 시제로, 불완전 과거 préterit imparfait라고 부르는데, 사항을 이루어진 것으로 단순하고 적절하게 나타내지 않고, 이미 과거인 사항에 대해서 현재인 것으로 나타내기 때문이다. 따라서 내가 quum intravit coenabam ; je soupais lorsqu'il est entré(그가 들어왔을 때, 나는 저녁을 먹고 있었다)라고 말할 때, 저녁을 먹는 행위는 내가 말하고 있는 시간에 비해서 훨씬 더 과거인 행위가 되어버렸다. 그러나 나는 이 행위를 내가 그것에 대해서 말하는 사항, 즉 그 사람이 들어온 것에 비추어서 현재인 것으로 나타낸다.

두번째의 복합 시제는 이중으로 과거를 나타내는 시제로, 이것 때문에 대과거 plus-que-parfait라고 부르는데, coenaveram ; j'avais soupé와 같다. 이것으로 나는 나의 저녁 먹는 행위를 그 자체가 과거인 것으로뿐만 아니라, 그것 역시 과거인 또다른 사항에 비추어서 과거인 것으로 나타낸다. 내가 j'avais soupé lorsqu'il est entré(그가 들어 왔을 때 나는 이미 저녁을 먹고 난 후였다)라고 말할 때와 같은데, 이것은 나의 저녁 먹는 행위가, 역시 과거인 그가 들어온 행위보다 앞서 일어났다는 것을 나타낸다.

세번째 복합 시제는 과거에 비추어서 미래를 나타내는 시제로 전미래 futur parfait라고 하는데, coenavero ; j'aurai soupé와 같다. 이것으로 나는 나의 저녁 먹는 행위를 그 자체로 미래인 것으로, 그리고 그 뒤를 따라야만 하는, 뒤에 오는 또나른 사항에 비추어서 과거인 것으로 나타낸다. quand j'aurai soupé, il entrera(그가 들어 올 때는 나는 이미 저녁을 먹고 난 후일 것이다)에서 나의 저녁 먹는 행위는 아직 일어나지 않았는데, 아직 일어나지 않은, 그가 들어오는 행위가 나타나게 될 때, 이것은 과거가 된다는 것을 의미한다.

마찬가지로 네번째 복합 시제를 또 덧붙일 수 있을 것이다. 이 것은 복합 과거의 수만큼 복합 미래를 만들기 위해, 현재에 비추어서 미래를 나타냈던 시제이다. 그래서 아마도 그리스인들의 두 번째 미래가 그 기원으로 볼 때 이러한 의미를 나타냈다고 볼 수 있다. 이 시제가 거의 언제나 현재의 지표를 지니고 있는 것은 바로 그러한 이유에서이다. 그렇지만 실제 사용에서는 이것을 첫 번째 미래와 혼동했으며, 라틴어에서조차도 이것을 위해서 단순 미래를 사용한다. Quum coenabo intrabis ; vous entrerez quand je souperai(내가 저녁을 먹을 때에 당신은 들어올 것이다)라고 할 때, 나는 나의 저녁 먹는 행위를 그 자체가 미래인 것으로, 그러나 당신이 들어오는 행위에 비해서는 현재인 것으로 나타낸다.

이것이 바로 여러 가지 시제를 나타내기 위해서 동사가 다양하게 변화한 이유이다. 동양의 언어들에는 과거와 미래만이 있고, 반과거, 대과거로 나타내는 다른 차이점은 없다. 이 때문에 이들 언어에는 다른 언어에서는 전혀 발견되지 않는 모호한 점이 많이 나타난다.

제 *16* 장

▌동사의 여러 가지 법 또는 양태 ▌

동사란 우리 사고의 형태와 방법을 의미하는 유형의 단어라고 이미 언급하였는데, 그 사고의 중요한 의미는 단언이다. 또한 단언이 여러 인칭과 다른 시제에 관계됨에 따라서 동사가 다양한 어미 변화를 하게 된다.

그러나 사람들은 그들의 머리 속에서 일어났던 것을 더 분명하게 설명하기 위해서, 다른 어미 변화를 또 만들어내는 것이 좋겠다고 생각했다. 첫째로 그들은 il aime(그가 사랑한다), il aimait(그가 사랑했다)와 같이 단순 단언 이외에도 quoi qu'il aimât (그가 사랑했다 하더라도), quand il aimerait(그가 사랑하게 될 때는)와 같이 조건지어졌거나 한정된 단언도 있다는 것을 알았기 때문이다. 그리고 이러한 단언을 다른 것과 더 잘 구별하기 위해서, 같은 시제를 이중으로 변화하게 만들었는데, 하나는 aime, aimait와 같이 단순 단언에 사용하게 하고, 나머지는 aimât, aimerait와 같이 변화된 단언을 위해 마련해 두었다. 이들은 규칙 적용을 엄격하게 하진 않아도 때때로 변화된 단언을 나타내는데 esti verear 대신에 esti vereor(두려워하다)로 단순한 어미 변화를 사용하기도 한다. 후자와 같은 종류의 어미 변화를 문법학자들은 접속법 mode subjonctif이라고 불렀다.

단언 이외에 우리 의지로 이루어지는 행위도 우리 사고의 한 방법으로 간주될 수도 있다. 그래서 사람들은 그들이 생각하는 것과 마찬가지로 그들이 원하는 것도 표현할 필요를 느꼈다. 그런데 우리는 한 가지 사항을 몇 가지 다른 방법으로 원할 수 있는데, 그중에서 다음의 세 가지가 중요한 방법이라고 생각한다.

1 우리가 우리 자신의 의지에 관계 없는 사항을 단순한 바램으로 원하는 것이다. 이것은 라틴어에서 소사 utinam으로, 그리고 프랑스어에서는 plût à Dieu(……하면 좋겠는데)로 설명된다. 그리스어와 같은 언어에서는 이것을 위해서 특별한 변화를 만들어냈는데, 문법학자들은 이것을 희구법 mode optatif이라고 부르게 되었다. 프랑스어, 스페인어, 이탈리아어에도 세 가지로 된 시제가 있기 때문에, 이것과 유사한 법이 있다. 그러나 라틴어에서는 똑같은 어미 변화가 접속법과 희구법에 사용된다. 그래서 이 때문에 라틴어 동사 활용에서 이 법을 분리해 내야 한다. 이것은 의미하는 방법이 매우 다르게 배가될 수 있을 뿐만 아니라, 여러 가지 법을 만들어내는 어미 변화도 다양하기 때문이다.

2 우리는 또한 다른 종류의 사항을 원할 때, 그것을 절대적으로 원하지는 않고, 다만 어떤 사항에 동의하는 것으로 만족할 때

이다. 이것은 테렌스 Térence[16])가 다음과 같이 말할 때와 같다. Profundat, perdat, pereat ; qu'il dépense(그가 낭비하더라도), qu'il perde(그가 잃는다해도), qu'il périsse(그것이 사라진다해도). 사람들이 그리스어에서 단순한 희망을 나타내기 위해 동사의 변화를 만들어내었던 것과 마찬가지로 이러한 심적 상태를 표현하기 위해 또 한 가지 어미 변화를 만들어낼 수도 있었다. 그러나 그들은 그렇게 하지 않았으며, 접속법을 대신 사용하고 있다. 프랑스어에서는 여기에 que를 첨가해서 Qu'il dépense와 같이 표현한다. 일부 문법학자들은 이것을 잠재법 modus potentialis 또는 양보법 modus concessivus이라고 한다.

3 우리가 원하는 것을 얻을 수 있는 어떤 사람의 의지에 관계될 때, 우리는 그에게 그가 그것을 하는 것이 우리의 의도라는 것을 전달한다. 이것이 우리가 명령을 하거나 기원할 때 가지게 되는 심적 상태이다. 이러한 심적 상태를 표현하기 위해 사람들은 명령법 mode impératif을 만들어냈는데, 본래 자기 자신에게

---

16) (역주) 라틴계의 희극 시인(BC. 190-BC. 159). 그는 그리스 문화에 깊이 심취되어 BC. 166-BC. 160년 사이에 상연되었던 *L'Adrienne, La Belle-Mère* 등의 6개 희극을 썼다. 그리스 극의 섬세함과 우아함을 로마의 유식한 청중에게 전달시켜 보려고 노력한 테렌스의 작품은 그의 선임자인 플로트에 비해 더 예민한 심리 묘사, 섬세한 감정의 처리, 도덕가적인 의도를 잘 드러냈다는 점에서 구별된다. 라틴 민족들의 전통적인 희극에 나타나는 절차를 거부하고, 주인공의 일상을 통해 인류애가 외양적인 것보다 훨씬 더 가치 있고 신뢰감이 있다는 것을 보여주면서 사회, 가족, 직업적인 관계를 묘사했다. 이렇게 일반적인 그의 사고는 그 당시의 로마인 청중에게는 별로 각광받지 못하다가, 르네상스 시대에 와서야 비로소 부르주아 연극이라는 명칭으로 호평을 받게 되었다.

는 전혀 명령을 하지 않기 때문에, 이것은 특히 단수에서 1인칭이 전혀 없다. 몇몇 언어에서는 엄밀하게 우리가 말을 하고 말을 거는 사람들에게만 명령을 하기 때문에, 3인칭도 없다. 그리고 그것에 관계되는 명령이나 기원은 언제나 미래에 비추어서 이루어지므로, 여기에서 명령법과 미래는 종종 구별 없이 사용된다. 특히 헤브라이어에서는 ne tuez point(절대로 죽이지 마시오) 대신에 non occides ; vous ne tuerez point(당신은 절대로 죽이지 않을 것입니다)을 사용하는 것과 같다. 이 때문에 어떤 문법학자들은 명령법을 미래 시제 대신에 놓기도 하였다.

우리가 지금까지 설명한 모든 법 가운데서 중동의 언어에는 제일 마지막 것인 명령법만이 있다. 이에 반해서 서양의 상용어들은 명령법을 위해 특별한 변화를 하지는 않는다. 그러나 프랑스어에서는 명령법을 나타내기 위해, 복수의 2인칭과 1인칭에서 앞에 오는 대명사를 없애고 동사를 취한다. 그래서 vous aimez(당신이 사랑한다)는 단순한 단언이지만, aimez(사랑하시오)는 명령형이다. 또 nous aimons(우리들이 사랑한다)은 단언이지만, aimons(사랑하자)은 명령형이다. 그러나 단수로 명령을 내릴 때, 이것은 매우 드문 경우이지만, 2인칭인 tu aimes(네가 사랑한다)를 취하지 않고 1인칭인 aime(사랑하라)를 취한다.

제 *17* 장

▮ 부정법 ▮

동사에 아직도 한 가지 변화가 더 있는데, 이것은 수나 인칭의 영향을 받지 않는 것으로 부정법 infinitif이라고 부르며, esse ; être, amare ; aimer(사랑하다)와 같은 것이다.

그러나 때때로 부정법은 내가 Scio malum esse fugiendum ; je sais qu'il faut fuir le mal(악을 피해야 한다는 것을 나는 알고 있다)라고 말할 때처럼, 단언을 포함하고 있다는 사실을 주목해야 한다. 그리고 부정법은 종종 단언의 의미를 잃으면서, le boire(마시는 것), le manger(먹는 것)라고 하듯이(주로 그리스어와 상용어에서), 명사가 된다. volo bibere ; je veux boire(나는 마시길 원한다)도 마찬가지인데, volo potum(나는 마시길 원한다) 또는 potionem이 되기 때문이다.

이와 같은 사항을 전제로 하고, Scio malum esse fugiendum

와 같은 예에서처럼 부정법이 전혀 명사가 되지 않고 단언을 포함할 때, 과연 부정법이 정확하게 무엇인가를 생각해 보자. 내가 앞으로 말하려는 것을 혹시 누가 지적하였는지 모르겠다. 그것은 관계대명사가 다른 대명사에 속하는 것과 같이 부정법도 다른 양태의 동사에 속한다는 것이다. 관계대명사에는 다른 대명사보다 더 많은 기능이 있어서, 그것이 들어 있는 절을 다른 절에 결합시키는 것과 같이, 부정법도 마찬가지로 동사를 단언하는 것 이외에, 그것이 속해 있는 절을 다른 절에 결합시켜 주는 기능이 있다고 생각한다. scio(나는 알고 있다) 하나로도 절이 되는데, 여기에 malum est fugiendum(악을 피해야 한다)을 덧붙이면, 두 개의 분리된 절이 될 것이다. 그러나 est 대신에 esse를 놓으면, 관계대명사에서 설명한 것처럼, 마지막 절은 첫번째 절의 일부분에 지나지 않게 된다.

그래서 프랑스어에서는 거의 대부분 Je sais que le mal est à fuir처럼 직설법 동사와 소사 que로 부정법을 만들게 되었다. 그래서 이 que는 하나의 절이 다른 절과 결합되어 있는 것을 의미할 뿐인데, 이 결합이 라틴어에서는 부정법에 내포되어 있으며, 프랑스어에서도 더 드물기는 하지만 마찬가지로, Il croit savoir toutes choses(그는 모든 것을 안다고 생각한다)라고 말할 때와 같다.

절을 부정법, 또는 quod와 que로 연결하는 방법은, 다른 사람의 문장을 옮길 때 주로 사용된다. 왕이 내게 Je vous donnerai une charge(당신에게 임무를 맡기겠소)라고 말한 것을 옮기고자 하면, 나는 보통 Le roi m'a dit, je vous donnerai une charge(왕은 내게 말했다. 나는 당신에게 임무를 맡기겠다)와 같이, 하나는 내가 한 말로, 다른 하나는 왕이 한 말로 두 절을 분리해 놓지는 않을 것이다. 그러나 둘을 함께 que로 연결해서 Le roi m'a dit qu'il me donnera une charge(왕은 나에게 임무를 맡기겠다고 내게 말했다)라고 할 것이다. 그래서 이것이 내가 한 말이기 때문에, je donnerai(내가 맡기겠다)의 1인칭을 il donnera(그가 맡기겠다)의 3인칭으로 바꾸고, 왕이 말하면서 나를 의미했던 대명사 vous(당신에게)를, 말하는 나를 의미하는 대명사 me(나에게)로 바꾼다.

두 절 사이의 이러한 결합은 또 옮기는 문장이 의문문일 때, 프랑스어에서는 si(……인지)로, 라틴어에서는 an에 의해서 이루어진다. 나에게 누가 Pouvez-vous faire cela?(당신은 그것을 할 수 있나요?)라고 물으면, 나는 그것을 옮기면서, On m'a demandé si je pouvais faire cela(내가 그것을 할 수 있는지 나에게 물었다)라고 할 것이다. 그리고 때로는 어떠한 소사도 사용하지 않고, 다만 인칭만 변화시켜서, Il m'a demandé : qui êtes-vous?(그는 나에게 물었다. 당신은 누구십니까?), Il m'a demandé qui j'étais (그는 나에게 내가 누구인지를 물었다)와 같이 할 것이다.

그러나 유대인들은 전도사들처럼 다른 나라의 언어로 말할 때 조차도 이렇게 절을 거의 결합시키지 않고, 과거에 그렇게 했던 것처럼, 거의 언제나 문장을 직접적으로 옮긴다. 그래서 그들은 때때로 ὅτι ; quod를 사용하지 않기 때문에, 이것은 종종 아무 쓸모가 없어져서, 다른 작가들이 그러한 것처럼, 절을 전혀 결합시키지 않게 되었다는 것에 주목해야 한다. 그 한 예가 성 요한 제 1 장에 다음과 같이 나온다. Miserunt Judoei ab Hierosolymis sacerdotes et Levitas ad Joannem ut interrogarent eum : Tu

quis es? Et confessus est et nom negavit, et confessus est :
quia(ὅτι) non sum ego Christus. Et interrogaverunt eum :
Quid ergo? Elias es tu? Et dixit : Non sum. Propheta es tu?
Et respondit : Non. 프랑스어 용법에 따르면, 이들 요구와 이들
대답을 다음과 같이 간접적으로 옮겼을 것이다. Ils envoyèrent
demander à Jean qui il était. Et il confessa qu'il n'était point
le Christ. Et ils lui demandèrent qui il était donc ; s'il était
Elie. Et il dit que non. S'il était Prophète, et il répondit que
non(그들은 요한에게 그가 누구인가를 물으러 보냈다. 그런데 그는
자기가 전혀 예수가 아니라고 고백했다. 그러자 그들은 그에게 그렇
다면 그가 누구인가를 물었다. 그가 엘리야인가하고 물었다. 그는
아니라고 대답했다. 그가 예언자냐 물었더니, 그는 아니라고 대답
했다).

　이러한 습관은 세속 작가들에서까지도 나타났는데, 이들도 마
찬가지로 유대인들에게서 빌어왔던 것 같다. 그리고 이로써 앞의
제9장에서 살펴본 것처럼 ὅτι는 문장이 직접적으로 옮겨지지 않
을 때라도, 연결의 용법이 없어진 대명사의 역할만을 할 뿐이다.

제 *18* 장

❙ 형용사적이라고 부를 수 있는 동사와 능동, 수동, 중립 동사들 ❙

사람들은 어떤 특정한 속사와 단언을 무한정으로 결합시켜서 많은 수의 존재 동사를 만들어냈다. 이것은 모든 언어들에 나타나는 것으로 형용사적이라고 부를 수 있으며, 이것의 각각 고유한 의미가 모든 동사의 공통적 의미인 단언에 첨가되는 것을 나타내기 위해서이다.

그러나 모든 동사들이 행위나 열정을 의미한다고 생각하는 것은 진보한 오류이다. 그렇게 되면 속사와 단언을 결합시키고자 할 때, 동사가 속사로 취할 수 있는 것은 아무것도 없기 때문이다. 우리는 존재 동사인 sum ; je suis(나는 존재한다)가 단순히 단언을 의미하는 것으로 보는 대신에, 모든 속사 중에서 가장 일반적인 것인 être를 결합시키므로, 종종 형용사적이라는 것까지도 알게 된다. 내가 je pense, donc je suis(나는 생각한다, 그러므로 나는 존재한다)라고 말할 때, 여기에서 je suis는 sum ens를 뜻하고, existo도 마찬가지로 sum, existens ; je suis, j'existe를 의미한다.

그럼에도 불구하고 이들 동사를 능동, 수동, 중립으로 공통적으로 나눌 수 있다.

battre(때리다), aimer(사랑하다)와 같이 열정과 대립을 이루는 행위를 나타내는 동사들을 엄밀하게 능동 동사라고 부른다. 이들 행위가 battre, rompre(끊다), tuer(죽이다), noircir(더럽히다)와 같이 하나의 주어로 완료되면 실제 행위라고 부르거나, aimer, connaître(알다), voir(보다)처럼 하나의 목적어로 완료되면 의도적 행위라고 부르기도 한다.

이로써 몇몇 언어에서는 사람들이 같은 단어에 amo, amor(사랑), verbero, verberor(때리다)와 같이 여러 변화를 가해서 동사의 변화가 행위를 나타내면 능동태 동사라고 부르고, 열정을 나타내면 수동태 동사라고 부르면서, 두 가지 의미를 나타내기 위해서 같은 단어를 사용하게 되었다. 이것이 모든 고대 언어들인 라틴어, 그리스어, 중동어에서 사용되어 왔다. 그중에서도 중동어는 똑같은 동사에 세 가지 능동태와 각각에 해당하는 수동태, 그리고 동사의 행위가 동사의 같은 주어에 가해지는 의미인 s'aimer (서로 사랑하다)와 같이, 능동 또는 수동을 취하는 상호적 의미를 부여한다. 그러나 유럽의 상용어는 전혀 수동태가 없으며, 그 대신에 능동태에서 만든 분사를 사용하는데, 이것은 존재 동사인 je suis와 함께, je suis aimé(나는 사랑받는다), je suis battu(내가 맞았다)와 같이 수동적 의미를 취하게 된다.

이것이 능동태와 수동태 동사에 관한 것이다.

어떤 문법학자들은 중립 동사를 자동사 verba intransitiva라고 부른다. 이들 동사는 전혀 밖으로 옮겨가지 않으며, 두 가지 종류로 나뉜다.

어떤 동사들은 전혀 행위를 의미하지 않지만, albet ; il est blanc(그것은 희다), viret ; il est vert(그것은 파랗다), friget ; il est froid(그것은 차다), alget ; il est transi(그것은 으스스하다), tepet ; il est tiède(그것은 미지근하다), calet ; il est chaud(그것은 따뜻하다)처럼 품질을 나타내거나 또는 어떤 상황을 의미한다. 즉 sedet ; il est assis(그는 앉아 있다), stat ; il est debout(그는 서 있다), jacet ; il est couché(그는 누워 있다) 등의 경우이다.

또는 adest ; il est présent(그는 자리에 있다), abest ; il est absent(그는 자리에 없다)와 같이, 장소에 대한 어떤 관계를 나타낸다.

또는 quiescit ; il est en repos(그는 휴식을 취하고 있다), excellit ; il excelle(그는 탁월하다), praeest ; il est supérieur(그는 우수하다), regnat ; il est roi(그는 왕이다)와 같이 어떤 다른 상태나 속성을 나타낸다.

그 이외의 다른 중립 동사들은 행위를 의미하지만, 이 행위가 그것을 가하는 주어와 전혀 다른 주어로 옮겨가지 않거나, dîner(저녁 식사를 하다), souper(저녁을 먹다), marcher(걷다), parler(말하다)와 같이 또다른 목적어를 전혀 필요로 하지 않는다.

그렇지만 이들 마지막 종류의 중립 동사는 ambulare viam(길을 걷다)처럼 주어를 부여할 때, 때때로 타동사가 되기도 하는데, 여기에서는 〈길〉이 〈걷다〉라는 행위의 주어를 위해서 취해진다. 종종 그리스어와 때때로 라틴어에서도, 이들 동사에 pugnare pugnam(싸움을 싸우다), servire servitutem(노예로 예속되다), vivere vitam(삶을 살다)과 같이, 동사로부터 형성된 명사 자체를 주어로 부여하기도 한다.

그러나 나는 위의 어법이 동사 속에 완전히 포함되지 않았던 어떤 특별한 의미를 나타내고자 했던 데서 유래한 것이라고 생각한다. 어떤 사람이 행복한 생활을 해왔다고 말하고 싶었을 때, 이것이 vivere 단어 속에 포함되어 있지 않았기 때문에, vivere vitam beatam이라고 말했다. servire duram servitutem도 마찬가지이며, 유사한 것들도 있다. 그래서 vivere vitam이라고 말할 때, 이것은 아마도 위의 예와 같은 어법에서 유래한 것으로 **중복법** pléonasme이라 할 수 있다. 이 때문에 모든 새로운 언어에서는 명사를 동사에 결합시키는 것을 오류로 여겨서 사용하지 않는다. 예를 들면, 프랑스어에서 combattre un grand combat(큰 싸움을 싸우다)라고는 말하지 않는다.

만일 모든 비수동형 동사가 언제나 목적격을 지배하면, 그리고 적어도 암시적으로 그렇다면, 문제를 해결할 수 있다. 이것은 매우 능숙한 일부 문법학자들의 견해이지만, 나는 그렇게 생각하지 않는다. 왜냐하면 어떠한 행위도 의미하지 않지만, quiescit(쉬다), existit(나타내다)와 같이 어떠한 상태나 albet(희다), calet(따뜻하다)처럼 어떠한 특성을 나타내는 동사들은 전혀 목적격을 지배할 수 없기 때문이다. 그리고 다른 동사들은 그것이 나타내는 행위에 작용하는 주어와 다른 주어나 목적어가 있는지를 살펴보아야 한다. 동사는 주어나 목적어를 지배하기 때문이다. 그러나 동사에 의해 의미된 행위에 dîner ; prandere, souper ; coenare와 같이 작용하는 주어와 다른 주어나 목적어가 없을 때가 있다. 이때는 이 동사들이 목적격을 지배한다고 말할 수 없다. 아무리 이들 문법학자들이 동사에서 형성된 명사처럼, 예를 들면 curro(달리다)가 curro cursum이나 curro currere라고 하면서, 동사의 부정법이 거기에 함축되어 있다고 주장했지만, 이 주장은 아주 확고해 보이지 않는다. 왜냐하면 동사는 명사처럼 취급된 부정법이 의미하는 모든 것을 의미하고 그 위에 단언과 시제와 인칭의 표시가 나타나기 때문이다. 이것은 형용사 candidus ; blanc(하얀)이 형용사에서 유래한 실사인 candor ; la blancheur(순결)을 의미하고 그 위에 이러한 추상화가 들어 있는 주제에 대한 암시적 의미가 첨가되는 것과 같다. 이 때문에, currit(달리다)라고 말할 때 currere(경주)의 뜻이 함축되어 있다고 상상할 수 있듯이, homo candidus(하얀 사람)라고 말할 때 candore(깨끗함)의 뜻이 함축되어 있다고 주장할 수 있다.

제 *19* 장

▌비인칭 동사 ▌

바로 앞 장에서 설명한 부정법은 정확하게 말하면 비인칭 동사라고 불러야 할 것이다. 부정법도 동사에 고유한 단언을 나타내지만, 수와 인칭을 표시하지 않기 때문에, 이것은 본질적으로 비인칭이다.

그렇지만 문법학자들은 대부분이 3인칭만 있는 일부 불구 동사를 보통 비인칭 동사라고 한다. 이들 동사에는 두 종류가 있다. 하나는 poenitet(후회하다), pudet(수치심을 느끼다), piget(불만스러워 하다), licet(허용하다), lubet(원하다)처럼 중립 동사의 형태를 지닌 것이며, 다른 하나는 수동 동사가 될 수 있는 것으로, statur(멈추다), curritur(달리다), amatur(사랑하다), vivitur(살다)와 같은 형태이다. 그런데 이들 동사는 『라틴어의 새로운 방법』 5장 동사에 관한 고찰에 나와 있는 것처럼, 때로는 문법학자들이 생각하는 것보다 더 많은 인칭을 나타낸다. 그러나 여기에서 우리가 주시할 수 있는 것, 이것은 아마도 거의 대부분의 사람들이 주의를 기울이지 못했던 점이라고 할 수 있다. 그것은 이들 동사의 의미 속에 3인칭에만 어울리는 주어가 내포되어 있어서, 이 주어를 군이 표현할 필요가 없었기 때문에, 이들 동사를 비인칭 동사라고 불렀던 것 같다. 즉 주어가 동사 자체에 충분히 나타나 있기 때문에, 사람들은 주어로써 단언과 속사를 다음과 같이 한 단어로 표현할 수 있었다.

Pudet me, 즉 pudor tenet 또는 est tenens me(수치심이 나에게 있다), poenitet me ; poena habet me(원한을 나에게 품다), libet mihi ; libido est mihi(욕망이 나에게 있다). 여기에서 동사 est는 단순히 실사적일 뿐만 아니라, 또한 존재를 의미한다. 이것은 마치 libido existit mihi 또는 est existens mihi가 있는 것과 같다. 마찬가지로 다른 비인칭에서도 licet mihi(내게 허용되다)를 licitum est mihi(욕망이 나에게 존재한다)로, oprtet orare(말하는 것이 필요하다)를 opus est orare로, 마치 est가 있는 것으로 풀이할 수 있다.

비인칭 수동태인 statur, curritur, vivitur에 관해서는, 또한 동사 est나 fit, 또는 existit와 그것들 자체에서 취한 동사적 명사로 다음과 같이 해결할 수 있다.

statur(멈추다)는 statio fit, 또는 statio est facta 혹은 statio existit(부동의 자세로 있다)이다.

curritur(달리다)는 cursus fit(경주하다)와 같고 concurritur(경쟁하다)는 concursus fit(경쟁을 하다)이다.

vivitur(살다)는 vita est, 또는 차라리 vita agitur, 그리고 si sic

vivitur는 si vita est talis(인생이 그렇다면)와 같다.

Misere vivitur, quum medice vivitur(의사의 규칙을 지나치게 따르면, 인생은 불행하다)에서 est는 절의 속사가 되는 misère(불행)가 덧붙기 때문에, 존재 동사가 된다. Dum servitur libidini은 dum servitus exhibetur libidini(자신이 열정의 포로가 될 때)와 같다.

이렇게 보면 프랑스어에는 엄밀하게 비인칭이 없는 것 같다고 결론지을 수 있다. il est permis(……이 허용된), il me plaît(…… 이 내 마음에 든다)라고 할 때, 여기에서 il은 언제나 동사의 주격 자리를 차지하는 본래의 관계사이며, 주격은 보통 보어가 되어 뒤에 온다. il me plaît de faire cela라고 할 때, il이 바로 de faire를 나타내는데, 이것은 l'action ou le mouvement de faire cela me plaît, ou est mon plaisir(그것을 하는 행위가 내 마음에 든다, 또는 내 기쁨이다)의 뜻이다. 그래서 극소수의 사람들은 이 il을 id(그것)와 마찬가지로 일종의 대명사로 보아, 의미 속에 암시되어 있거나 내포된 주격을 나타내며 그 자리를 차지하고 있다고 생각했다. 이것은 본래 이탈리아인들의 관사 il에서 취해 온 것인데, 이것 대신에 프랑스어에서는 le를 사용한다. 또는 라틴어 대명사 ille에서 유래한 것으로, 프랑스어에서도 3인칭 대명사를 취하여, il arme(그가 무장한다), il parle(그가 말한다), il court(그가 달린다)와 같이 표현한다.

amatur, curritur와 같은 수동 비인칭 동사는 프랑스어에서 on aime(사랑한다), on court(달린다)로 표현되는데, 이러한 어법은 비한정적이기는 하지만, 비인칭적이지는 않다는 것이 확실하다. 보줄라는 여기에서 on(일반 사람들)은 homme(사람)를 뜻하며, 동사의 주격 위치를 차지한다고 지적하였다. 이 점에 관해서는 『라틴어의 새로운 방법』에서 비인칭 동사에 관한 5장을 참조할 수 있다.

그래서 pluit(비가 오다), nivit(눈이 오다), grandina(우박이 오다)와 같이 자연의 현상을 나타내는 동사들도 여러 언어에서 이와 똑같은 원칙으로 설명될 수 있다. pluit는 본래 한 단어이므로, pluvia fit(비가 오다), cadit(떨어지다)라고 하는 대신에, 간단하게 그 안에 주어, 단언과 속사를 모두 포함시켰다. 우리가 il pleut(비가 오다), il neige(눈이 오다), il grêle(우박이 오다)라고 할 때, 그 속에는 주격으로 pluie(비), neige(눈), grêle(우박)가 존재 동사 est(있다) 또는 fait(만들다)와 함께 포함되어 있는 것인데, id quod dicitur pluvia est, id quod vocatur nix fit로 il pluie est, il neige se fait라고 말하는 것과 같다.

이것은 프랑스어에서 il fait chaud(날씨가 덥다), il est tard(시간이 늦었다), il est six heures(6시다), il est jour(낮이다)와 같이 il과 동사를 결합해서 말하는 방법에 더 잘 나타나 있다. 이탈리아어에서 관용적으로는 단순하게 fa caldo라고 하지만, il caldo fa라고도 할 수 있기 때문이다. 또 aestus(뜨거운 열) 또는 calor est(열기가 있다), 혹은 calor fit(이루어지다)나 calor existit(존재한다)이다. 그리고 il fait chaud는 il chaud(il caldo) 또는 le chaud se fait, existit, est라고 할 수 있다. 마찬가지로 또 다음과 같이 말할 수도 있다. il se fait tard, si fa tarde, il tarde(tarde ou le soir) se fait. 또는 어떤 지방에서 말하는 il tard 대신에 il s'en va tard, 또 la nuit approche(밤이 다가온다) 대신에 le tard s'en va venir(늦은 시각이 도래하다)가 있다. 마찬가지로 il est jour, il jour(ou le jour) est 그리고 다른 문장들도 마찬가지이다. Il est six heures, 즉 il temps, six heures, est. le temps, ou la partie du jour appelée six heures, est(시간, 또는 6시라고 불리는 하루의 부분이다).

제 20 장

▌분사 ▌

분사는 진정한 형용사적 명사이다. 따라서 이것이 동사와 관련된 점이 없다면, 여기에서 언급할 필요가 없을 것이다.

동사와 관련된 사항이란, 앞서 말한 것처럼, 동사에서 제거된 단언과 단언에 결부되는 세 가지 다른 인칭의 구별을 제외하면, 분사는 동사와 같은 것을 의미한다는 점이다. 이 때문에 그것을 거기에 다시 부여하면서, 동사로 하는 것과 똑같은 사항을 분사로도 하게 된다. 그래서 amatus sum은 amor(사랑)와 같고, sum amans는 amo(사랑하다)와 같은 것이다. 분사를 이용한 이러한 어법은 라틴어에서보다 그리스어와 헤브라이어에서 더 흔하지만, 키케로는 때때로 분사를 사용하기도 했다.

그러므로 분사가 동사에서 그대로 취한 것은 속사의 기능과 시제인데, 그리스어에서는 주로 현재, 과거, 미래의 분사가 있다. 그러나 이 사항조차도 항상 지켜지지 않아서, 같은 분사가 종종 모든 종류의 시제와 결합하기도 한다. 예를 들어 수동 분사 amatus는 대부분의 문법학자들이 과거라고 주장하지만, amatus sum, amatus ero처럼 현재 또는 미래에 속한다. 이에 반해서 amans는 현재의 형태이지만, 대개의 경우 과거로 사용된다. Apri inter se dimicant, indurantes attritu arborum costas, 즉 postquam induvarere로 이와 같은 문장들이 예가 될 수 있다. 이 점에 관해서는 『라틴어의 새로운 방법』중 분사에 관한 고찰을 참고할 수 있다.

또 능동형 분사와 수동형 분사도 있다. 라틴어에서 능동형은 amans, docens와 같이 ans, ens로 끝나며, 수동형은 amatus, doctus처럼 us로 끝난다. 그렇지만 어떤 것은 us로 끝나도 능동형의 의미를 나타내는데, locutus(loquor, 말하다의 과거 분사)와 같은 이태 동사 verbe déponent[17]의 분사가 그러하다. 그러나 이러한 que cela doit être, qu'il faut que cela soit(그래야만 한다)와 같은 수동적 의미 이외에도, dus로 이루어진 amandus ; qui doit être aimé(사랑받아야만 하는)와 같은 분사도 있지만, 이 마지막 의미는 거의 모두가 사라져버렸다.

능동형 동사 분사는, 행위 자체가 진행중인 것처럼 동사의 행위를 의미한다. 이에 반해서 동사적 명사는 그것 역시 행위를 의미하기는 하지만, 동작 속에서가 아닌, 습관 속에서의 행위를 의미한다. 이로써 분사는 amans Deum처럼 동사와 같은 체제를 따르

---

17) (역주) 라틴어에서 수동형으로 능동의 의미를 나타내는 동사를 이태 동사라 한다.

고, 동사적 명사는 amator Dei처럼 명사의 체제를 취한다. 그리고 분사 자체도 의미가 동사의 행위보다 습관에 더 가까울 때는, amans virtutis처럼 단순한 동사적 명사의 특성을 지녔기 때문에, 명사 체제 속에 속한다.

제 *21* 장

▌동사형 명사와 목적 분사 ▌

동사에서 단언을 제거해서, 능동형 분사와 수동형 분사를 만들었는데, 이것은 형용사에 속하며, 적어도 능동형에서는 동사의 체제를 유지하고 있다.

그러나 라틴어에서는 또 그것으로 두 가지 실사적 명사를 만든다. 하나는 dum으로 이루어진 것으로 동사형 명사라고 부르며, 이것에는 dum, di, do : amandum, amandi, amando의 다양한 격이 있지만, 성과 수에는 한 가지밖에 없다. 바로 이 점이 dus로 이루어진 분사 amandus, amanda, amandum과 다른 점이다.

그리고 또다른 하나는 um으로 이루어진 것으로, 목적 분사 supin라고 부르는데, um, u : amatum, amatu의 두 가지 격이 있다. 그러나 이것도 성과 수가 다양하지 않다는 점이 us로 이루어진 분사, amatus, amata, amatum와 다르다.

나는 문법학자들이 동사형 명사의 본질을 설명하는 데 난감해하며, 아주 노련한 학자들도 이것이 수동적 형용사이고 실사로는 동사의 부정법을 취한다고 믿었다는 사실을 잘 알고 있다. 이들은 예를 들어 tempus est legendi libros 또는 tempus est legendi librorum(책을 읽을 시간이다)가 마치 tempus est legendi τοῦ legere libros, vel librorum가 있는 것처럼, 그래서 두 가지 글이 있는 것처럼 주장한다. 즉 하나는 tempus legendi τοῦ legere(읽을 시간이다)로, 이것은 형용사와 실사에 속하며, legendae lectionis가 있는 것과 같다. 나머지는 legere libros(책을 읽는 것)로, 이것은 동사적 명사인데, 동사의 격을 지배하거나, 혹은 libros 대신에 librorum이라고 말할 때에는, 실사가 되어 속격을 지배한다. 그러나 모든 것을 고찰해 보니, 이러한 어법이 필요하다고 생각되지 않는다.

그 이유로 1 그들은 legere가 동사적 명사이며 그대로 속격이나 목적격까지도 지배할 수 있다고 생각한다. 그래서 고대인들은 curatio hanc rem ; Quid tibi hanc tactio est?(무슨 참견이오?)라고 했다. 나도 legendum에 대해서 똑같이 주장한다. 즉 이것도 legere와 마찬가지로 동사적 명사이며, 따라서 legere에 속하는 모든 특성을 행사할 수 있다.

2 어떤 단어가 표현되지 않았을 때, 그것이 생략되었다고 말할 근거가 전혀 없으며, 그것을 표현하면 오히려 사리에 어긋나 보이는 경우가 있다. 그런데 동사형 명사와 결합된 부정법은 절대로 볼 수가 없다. 그래서 만일 legendum est legere라고 말한다면, 이것은 완전히 사리에 어긋나보일 것이기 때문이다.

3 만일 동사형 명사 legendum이 수동적 형용사라면, 그것은 분사 legendus와 전혀 다르지 않을 것이다. 그렇다면 어째서 고대인들은, 그들의 언어를 알고 있었는데도, 동사형 명사를 분사와 구별하였을까?

나는 동사형 명사란 실사적 명사이며, 그것은 언제나 능동형이라고 생각한다. 그래서 그것은 동사가 나타내는 행위에 반드시 이루어져야만 할 행위와 같은 필연성이나 의무의 또다른 의미가 첨가되기 때문에, 명사로 간주하는 부정법과 구별된다. 이 차이를 gerere ; faire(만들다)에서 따온 제롱디프 gérondif라는 단어로 나타내고자 했던 것 같다. 이로써 pugnandum est는 pugnare oportet(싸워야 한다)와 같은 것이다. 그래서 이 동사형 명사가 전혀 없는 프랑스어는 부정법과 의무를 나타내는 단어를 결합시켜서, il faut combattre(싸워야 한다)와 같이 나타낸다.

그러나 단어들은 그것을 위해서 본래 만들어졌던 모든 기능을 항상 유지하고 있지 않기 때문에, dum의 형태로 된 동사형 명사는 종종 oportet(해야 한다)의 기능을 잃게 되어, 동사의 행위 기능만을 간직하게 된다. Quis talia fando temperet a lachrymis? (누가 그러한 것을 말하면서 눈물을 흘리겠는가?) 즉 in fando(말하면서) 또는 in fari talia(그러한 것을 말하면서)이다.

목적 분사에 관해서는, 나도 이들 문법학자와 같은 의견이다. 즉, 실사적 명사는 수동형이고, 반면에 동사형 명사는 항상 능동형이다. 그래서 『라틴어의 새로운 방법』에서 언급된 것을 참조할 수 있다.

제 22 장

▌ 상용어의 조동사 ▐

동사편을 끝내기 전에, 한 가지 사항에 대해서 더 말할 필요가 있다. 그것은 유럽의 모든 상용어에 공통적이기 때문에, 일반 문법에서 다뤄질 가치가 있다. 그런데 프랑스어 문법을 표본으로 삼아서 말하는 것이 매우 편하기 때문에 그렇게 하기로 한다.

그것은 일부 동사의 용법으로, 이 동사들은 여러 가지 시제를 만들기 위해서 각 동사의 과거 분사와 함께 다른 동사에 보조로 사용되기 때문에, 조동사라고 부른다.

여기에는 être(있다, 이다)와 avoir(가지다)의 두 가지가 있으며, 이것은 모든 언어에 공통적이다. 어떤 언어에는 이외에도 다른 동사가 더 있다. 독일인들의 werden ; devenir(되다), wollen ; vouloir(원하다)와 같은 것으로, 이중 첫번째 동사는 각 동사의 부정법과 결합해서 미래를 만든다. 그러나 두 동사 être와 avoir

가 중요하기 때문에 이것에 대해서 말하는 것으로 충분할 것이다.

ETRE

우리는 être가 능동형 동사의 분사와 함께 수동형을 만든다고
앞서 말했다. 따라서 이것은 je suis aimé(나는 사랑받는다), j'étais
aimé(나는 사랑받았다) 등과 같이 수동적으로 사용된다. 존재 동
사 이외의 모든 동사는 단정된 속사와 함께 단언을 나타내기 때
문에, 그 이유는 쉽게 이해할 수 있다. 이로부터 amor와 같은 수
동형 동사는 수동적 사랑의 단언을 나타낸다고 할 수 있다. 따라
서 aimé는 수동적 사랑을 의미하기 때문에, 여기에 단언을 나타
내는 존재 동사를 결합시킨 je suis aimé, vous êtes aimé(당신은
사랑받는다)는 분명히 라틴어의 amor, amaris와 같은 의미이다.
그래서 라틴 민족들조차도 모든 수동형 과거와 그것에 결부되어
있는 모든 시제에서 동사 sum을 조동사로 사용한다. amatus
sum(나는 사랑받았다), amatus eram(나는 사랑받았었다) 등이 되
는데, 그리스인들도 마찬가지로 대부분의 동사가 그것을 사용한다.
    그러나 똑같은 être도 종종 더 불규칙적인 다른 양태의 조동사
로 사용되기도 하는데, 동사를 설명한 후에 그것에 대해 언급하
겠다.

AVOIR

또다른 조동사 avoir는 훨씬 더 이상하게 사용되지만, 그 이유
는 설명하기가 상당히 어렵다.

우리는 앞서 모든 동사는 상용어에서 두 가지 과거가 있다고 말했다. 그 하나는 비한정적인 것으로, 불한정 과거라고 부를 수 있으며, 다른 하나는 한정 과거이다. 첫번째 과거는 j'aimai(나는 사랑했다), je sentis(나는 느꼈다), je vis(나는 보았다)와 같이 전혀 다른 시제처럼 만들어진다.

그러나 또다른 과거는 과거 분사 aimé, senti, vu와 동사 avoir 를 합쳐서 j'ai aimé, j'ai senti, j'ai vu와 같이 만들어진다.

이 과거뿐만 아니라, 라틴어에서 과거로부터 형성된 모든 다른 시제도 amavi, amaveram, amaverim, amavissem, amavero, amavisse ; j'ai aimé, j'avais aimé, j'aurais aimé, j'eusse aimé, j'aurai aimé, avoir aimé로 마찬가지이다.

그리고 avoir까지도 그 자체를 조동사로 취하고 과거 분사 eu 와 함께, j'ai eu, j'avais eu, j'eusse eu, j'aurais eu처럼 이런 종류 의 시제를 만들게 된다. 그러나 과거형 j'avais eu나 j'aurai eu는 다른 동사의 조동사가 아니다. 프랑스어는 sitôt que j'ai eu dîné (내가 저녁을 먹고 나자 곧), quand j'eusse eu 또는 j'aurais eu dî-né(내가 저녁을 먹고 났을 때)라고 하지만, j'avais eu dîné나 j'aurai eu dîné라고 하지 않고, 다만 j'avais dîné, j'aurai dîné라 고 하기 때문이다.

être도 마찬가지로 과거 분사 été와 함께 j'ai été, j'avais été처 럼 avoir와 같은 시제를 취한다.

프랑스어가 다른 언어들과 다른 점은, 독일인, 이탈리아인과 스페인인들은 이들 시제에서 être 자체를 조동사로 만든다는 점이 다. 그래서 이들은 sono stato ; je suis été라고 한다. 이것을 발론 지방 사람들이 그대로 모방해서 프랑스어를 잘못 사용하고

AVOIR 동사의 시제 Avoir, ayant, eu		조동사로서 다른 동사와 함께 형성하는 시제	
현재	j'ai j'aie	완전 과거	1 J'ai dîné(나는 저녁을 먹었다) 2 quoique j'aie dîné (내가 저녁을 먹었다해도)
반과거	j'avais j'eusse j'aurais	대과거	1 j'avais dîné(나는 저녁을 먹었다) 2 si j'eusse dîné(내가 저녁을 먹었다면) 3 quand j'aurais dîné (내가 저녁을 먹고 날 때) 4 quand j'eus dîné, *indéfini*(내가 저녁을 먹었을 때, 불한정적) 5 quand j'ai eu dîné, *défini*(내가 저녁을 먹었을 때, 한정적) 6 quand j'eusse ou j'aurais eu dîné, *conditionnel*(내가 저녁을 먹고 나면, 조건적)
불한정	j'eus		
단순 완전 과거	j'ai eu		
조건법 과거	j'eusse eu j'aurais eu		
미래	j'aurai	완전 미래 또는 접속법	quand j'aurai dîné (내가 저녁을 먹고 날 때)
부정법 현재	avoir	부정법 과거	après avoir dîné (저녁 식사 후)
현재 분사	ayant	과거 분사	ayant dîné (저녁 식사 후)

있다.

그런데, avoir는 다른 동사와 함께 결합하여 다른 시제를 만드는 조동사로 사용되는데, 앞의 도표에 잘 나타나 있다. 그러나 모든 상용어에서 사용되는 이러한 어법이 독일인들에게서 유래한 것처럼 보인다. 이 어법 자체가 상당히 낯설지만, 이들 조동사와 분사로 형성된 과거와 명사가 결합되는 어법도 낯설기는 마찬가지이다.

1 동사의 주격은 분사에 어떠한 변화도 가져오지 않는다. 이 때문에 단수에서나 복수에서, 또 남성에서나 여성에서, il a aimé(그가 사랑했다), ils ont aimé(그들이 사랑했다), elle a aimé(그 여자가 사랑했다), elles ont aimé(그 여자들이 사랑했다)라고 하고, ils ont aimés, elle a aimée, elles ont aimées라고는 하지 않는다.

2 이 과거가 지배하는 목적격은, 가장 평범한 순서대로 분사 뒤에 올 때, 분사에 어떠한 변화도 야기시키지 않는다. 그래서 il a aimé Dieu(그가 주님을 사랑했다), il a aimé l'Eglise(그가 교회를 사랑했다), il a aimé les livres(그가 책들을 사랑했다), il a aimé les sciences(그는 학문을 사랑했다)라고 하며, il a aimée l'Eglise 또는 aimés les livres 혹은 aimées les sciences라고는 절대로 하지 않는다.

3 그러나 이 목적격이 조동사의 앞에 올 때나(이것은 산문에서 관계대명사나 대명사의 목적격에서만 나타난다), 또는 심지어 조동사 뒤이지만 분사 앞에 올 때(이것은 운문에만 나타난다), 이때는 분사가 이 목적격의 성과 수에서 일치되어야 한다. 따라서 la lettre que j'ai écrite(내가 썼던 편지), les livres que j'ai lus(내가

읽었던 책들), les sciences que j'ai apprises(내가 배웠던 학문들)라고 해야 한다. 첫번째 예문에서 que는 laquelle을 위한 것이고, 두번째 예문에서는 lesquels, 세번째 예문에서는 lesquelles을 위한 것이기 때문이다. 그리고 마찬가지로, j'ai écrit la lettre, et je l'ai envoyée(나는 편지를 썼고, 그것을 보냈다), j'ai acheté des livres, et je les ai lus(나는 책들을 샀고, 그것을 읽었다)라고 해야 한다. 또, 시에서는 Dieu dont nul de nos maux n'a les grâces bornées(우리들이 행한 어떠한 악도 감수하시는 주님의 은총)라고 하며, borné라고 하지는 않는데, 그 이유는 목적격 grâces가 조동사 뒤에 오기는 하지만, 분사보다 앞에 오기 때문이다.

그렇지만 보줄라에 따르면, 이 규칙에 예외도 있는데, 그것은 분사가 조동사와 목적격 뒤에 있을 때라도, 그것이 주격 앞에 올 때는, 분사가 변화하지 않는 경우이다. la peine que m'a donné cette affaire(그 일로 내가 받은 고통), les soins que m'a donné ce procés(그 소송으로 내가 위임받은 책임)가 그 예가 된다.

이러한 어법에 정당한 이유를 붙여 설명하기란 쉽지 않다. 프랑스어에 대해 머리 속에 떠오른 것으로 중요한 것은 다음과 같다.

프랑스어의 모든 동사에는 두 가지 분사가 있다. 하나는 현재 분사로, 어미가 ant으로 이루어졌다. 다른 하나는 과거 분사로 불규칙 동사를 제외하면, 여러 가지 동사의 활용에 따라 e, i, u로 이루어졌다. aimant(사랑하는), aimé(사랑받는), écrivant(쓰는), écrit(씌어진), rendant(돌려주는), rendu(돌려받는)이 그 예이다.

그런데, 분사에서 두 가지 사항을 고찰할 수 있다. 한 가지는 분사가 성, 수, 격에 따라서 변화할 수 있는 진정한 형용사적 명사라는 것이다. 다른 한 가지는 분사가 능동형일 때, amans(사랑하는), virtutem(용기 있는)과 같이 동사와 똑같은 체제를 가진다는 사실이다. amandum est virtutem(사랑하는 것은 용기 있는 것이다)에서처럼 첫째 조건이 결핍될 때, 분사를 제롱디프[17]라고 부른다. 둘째 조건이 결핍될 때, 그때는 능동형 분사를 분사라고 하기보다는 차라리 동사적 명사라고 한다.

이러한 사실을 전제로 하고 나서, 프랑스어의 두 분사 aimant과 aimé는 동사와 같은 체제를 갖고 있는 한, 분사라기보다는 차라리 제롱디프라고 나는 주장한다. 보줄라가 ant으로 된 분사는 동사와 같은 체제를 가질 때, 전혀 여성형을 취하지 않는다고 이미 지적하였기 때문이다. 그래서 예를 들면, j'ai vu une femme lisante l'Ecriture(나는 성서를 읽는 여인을 보았다)라고 하지 않고, lisant l'Ecriture라고 한다. 때때로 프랑스어에서는 이것을 복수로 놓아서, j'ai vu des hommes lisants l'Ecriture(나는 성서를 읽는 남자들을 보았다)라고 말하는데, 이것은 t나 s가 보통은 전혀 발음되지 않으므로, lisant과 lisants의 소리가 거의 같기 때문에 알아차리지 못했던 오류에서 비롯된 것이라고 생각한다. 그래서 또한 lisant l'Ecriture가 en lisant l'Ecriture ; in τῷ légère scripturam를 대신한다고 생각한다. 그래서 ant으로 된 제롱디프는 부정법과 마찬가지로 동사의 행위를 의미한다.

그런데 나는 또다른 분사 aimé도 같은 것이라고 생각한다. 즉 그 분사가 동사의 격을 지배할 때는, 제롱디프로 다양한 성과 다

---

17) (역주) 프랑스어에서는 제롱디프가 동사의 현재 분사 앞에 en을 붙인 형태를 뜻하지만, 라틴어에서는 동사적 명사를 제롱디프라고 부른다.

양한 수를 취할 수 없다. 반면에 그 분사가 능동형일 때는 분사, 또는 차라리 ant으로 된 제롱디프와 두 가지 사항에서만 구별된다. 하나는 ant으로 된 제롱디프는 현재에 속하고, é, i, u로 된 제롱디프는 과거에 속한다는 것이다. 다른 하나는 ant으로 된 제롱디프는 완전히 홀로 존속하거나 또는 소사 en을 내포하고 있다는 점이다. 반면에 다른 제롱디프는 언제나 조동사 avoir나 être를 동반하며, J'ai aimé Dieu(나는 주님을 사랑하였다)에서처럼, 어떤 경우에도 그 자리를 지킨다.

그러나 이 후자의 분사는 능동형 제롱디프인 본래의 용법 이외에도 수동형 분사로 사용된다. 따라서 이것도 실사와 함께 일치하는 성, 수에 따라 두 가지 성과 두 가지 수를 가지며, 목적어를 전혀 가지지 않는다. 그리고 이 용법에 따라 être와 함께 언제나 수동태를 만든다. il est aimé(그가 사랑받다), elle est aimée (그 여자가 사랑받다), ils sont aimés(그들이 사랑받다), elles sont aimées(그 여자들이 사랑받다)이다.

그러므로 j'ai aimé la chasse(나는 사냥을 좋아했다), j'ai aimé les livres(나는 책을 좋아했다), j'ai aimé les sciences(나는 과학을 좋아했다)와 같은 어법에서, j'ai aimée la chasse, j'ai aimés les livres, j'ai aimées les sciences라고 말하지 않는 이유는, aimé라는 단어는 동사의 목적어를 가지기 때문에 제롱디프이며, 따라서 성과 수를 전혀 나타내지 않는다.

그러나 또다른, la chasse qu'il a AIMEE(그가 좋아했던 사냥), les ennemis qu'il a VAINCUS(그가 정복했던 적), il a défait les ennemis(그는 적을 무찔렀다), il les a VAINCUS(그는 그들을 정복했다)와 같은 어법에서 aimée, vaincus와 같은 단어는 어떤 것

을 지배하는 것으로 간주하지 않고, 그 자체가 quam habeo amatam(그가 사랑했던), quos habeo victos(그가 정복했던)인 것처럼 avoir 동사에 의해 지배받는 것으로 생각한다. 이 때문에 성과 수를 가진 수동형 분사로 취급되어서, 그것이 관계하고 있는 대명사나 실사적 명사와 성과 수를 일치시켜야 한다.

이러한 이유를 확인시켜 주는 것은 과거형 동사가 지배하는 관계대명사나 대명사가 동사의 앞에 오더라도, 이 과거가 그 뒤에 오는 다른 것을 또 지배한다면, 그것은 다시 제롱디프가 되고 변화하지 않는다는 사실이다. Cette ville que le commerce a enrichie(상업이 부유하게 만든 이 도시)라고 하는 대신에, Cette ville que le commerce a rendu puissante(상업으로 부강해진 이 도시)라고 해야 한다. 또 rendue puissante라고 하지 말아야 하는데, 그것은 rendu가 puissante를 지배하기 때문이며, 따라서 이것을 제롱디프로 본다. 앞에서 la peine que m'a donné cette affaire 등에 대해 언급했던 예외는, 분사가 어떤 사항을 지배할 때, 그래서 보통은 그 뒤를 따르는 명사를 지배할 때, 분사를 변화하지 않는 제롱디프로 만드는 습관에서 비롯된 것 같다. 프랑스어는 분명한 문장과 표현에서 단어의 자연스러운 배열을 중시하기 때문에, 여기에서 affaire가 비록 주격이라 하더라도, 프랑스어에서 목적격이 보통 차지하는 자리에 있기 때문에, donné의 목적격인 것처럼 간주하였다. 이것은 또 조동사 être가 조동사 avoir의 자리를 차지하는 경우의 설명으로도 확인될 것이다.

조동사 être가 동사 avoir의 자리를 차지하는 두 가지 경우

첫번째 경우는 능동형 동사가 상호 대명사 se와 결합될 때, se tuer(자살하다), se voir(서로 만나다), se connaître(자신을 알다)와 같이 행위가 작용하는 것 자체를 주어나 목적어로 취할 때이다. 이것의 과거와 그것에 결부되는 다른 시제들은 avoir와 함께 형성되지 않고, être와 함께 형성된다. il s'est tué이며, il s'a tué가 아니다. 또 il s'est vu, il s'est connu이다. 이러한 용법이 어디서 유래했는지 추측하기는 어렵다. 능동형 과거에 조동사를 사용하는 것이 겉으로는 독일인들에게서 비롯된 것 같지만, 독일어에는 이러한 용법이 전혀 없어서, 보통의 경우처럼 이 경우에도 avoir 를 사용하기 때문이다. 그렇지만 행위와 열정은 같은 주어 안에 있기 때문에, 행위만을 나타내는 avoir보다는 열정을 더 잘 나타내는 être를 사용하고자 했던 것 같다. 그래서 이것은 Il est tué par soi-même(그는 자신에 의해 죽었다)라고 하는 것과 같다.

그러나 tué, vu, connu와 같은 분사가 상호 대명사 se에만 관계될 때는, 두 번 되풀이 되기 때문에, Caton s'est tué soi-même (카통은 스스로 죽었다)와 같이 상호 대명사가 분사의 앞과 뒤에 온다. 이때에 이 분사는 우리가 그것에 대해서 말하는 사람이나 사물의 성, 수와 일치시킨다. Carton s'est tué soi-même, Lucrèce s'est tuée soi-même, les Sagontins se sont tués eux-mêmes.

그러나 이 분사가 Œdipe s'est crevé les yeux(오이디푸스는 눈을 해쳤다)에서처럼, 상호성과는 다른 것을 지배한다면, 이때에 이것은 목적어를 가지므로 능동형 제롱디프가 되어서 더 이상 성과 수를 나타내지 않게 된다. 그래서 다음과 같이 된다.

Cette femme s'est crevé les yeux(이 여자는 눈을 해쳤다).

Elle s'est fait peindre(그 여자는 자기 얼굴을 그리게 했다).

Elle s'est rendu la maîtresse(그 여자는 교사가 되었다).

Elle s'est rendu catholique(그 여자는 가톨릭 신자가 되었다).

위의 마지막 두 예문에 대해서는 보줄라, 아니 오히려 말레르브가 반박한다는 것을 나는 잘 알고 있다. 그렇지만 그는 이것에 대한 느낌이 모든 사람에게 다 받아들여지지는 않는다고 인정한다. 그러나 나는 그들이 주장하는 이유로 그들이 틀렸다고 판단하고, 더 어려운 점이 나타나는 다른 어법을 해결할 구실로 삼으려 한다.

그들은 분사가 능동형일 때와 수동형일 때를 구별해야 한다고 주장한다. 이것은 사실이다. 그래서 그들은 분사가 수동형일 때는 변화하고, 능동형일 때는 변화하지 않는다고 설명한다. 이것도 또한 사실이다. 그러나 다음의 예, elle s'est rendu(또는 rendue) la maîtresse, nous nous sommes rendu(또는 rendus) maîtres에서, 분사 rendu는 능동형과 반대로 보이기 때문에 수동형이라고 할 수 있다. 그들이 틀린 것처럼 보이는 것은, 이 분사들이 Il a été rendu maître(그는 교사가 되었다)에서와 같이 être와 결합할 때는 수동형이라는 것이 사실이기 때문이다. 그러나 이것은 être가 그 자신을 위해서 놓였을 때 뿐이고, 상호 대명사 se와 함께 avoir를 대신해서 놓였을 때는 수동형이 아니다.

이렇게 말레르브가 한 관찰은, 분사의 의미가 상호 대명사 se와 함께 형성되기는 하지만, elle s'est trouvé(또는 trouvée) morte라고 할 때처럼, 완전히 수동적인 어법에만 해당될 수 있다. 그런데 이치로 따져보면, 이 분사가 변화해야 하는 것처럼 보인다. 말레르브는 이 분사 뒤에 명사나 또다른 분사가 뒤따르는가를 고려해야 한다고 주장한다. 분사 뒤에 또다른 분사가 뒤따를 때는 그것이 변화하지 말아야 한다고 그는 생각하기 때문이다. 그래서 elle s'est trouvé morte라고 말하는 오류를 범한다. 그리고 분사 뒤에 명사가 오면 변화해야 한다고 주장하는데, 이 점에 관해서 나는 전혀 그 근거를 알 수 없다.

그러나 여기에서 주목할 수 있는 사실은, 상호 대명사를 이용하는 어법에서, elle s'est trouvé(또는 trouvée) malade, 그리고 elle s'est trouvé(또는 trouvée) guérie라고 할 때, 이 분사가 능동형인지 또는 수동형인지가 종종 의심스러운 것 같다. 이것은 두 가지 의미를 다 나타낼 수 있기 때문이다. 하나는 그 여자가 아픈 상태로 또는 치유된 상태로 다른 사람들에 의해 발견되었다는 것이고, 다른 하나는 그 여자 자신이 아픈 상태 또는 치유된 상태로 되었다는 뜻이다. 첫번째 의미에서 분사는 수동형일 것이며, 따라서 변화할 수 있다. 두번째 의미에서는 분사가 능동형일 것이고, 따라서 변화할 수 없다. 그런데 이러한 고찰은, 문장이 의미를 충분히 반영할 때 또한 구조도 반영하기 때문에, 의혹을 품을 수 없다. 예를 들어 quand le medecin est venu, cette femme s'est trouvée morte라고 말하며, trouvé morte라고는 하지 않는다. 그 여자는 의사와 그곳에 있던 사람들에 의해서 죽은 것으로 판명되었으며, 그 여자가 죽은 것을 그 여자 자신이 발견한 것은 아니기 때문이다. 그러나 이와 반대로, Madame s'est trouvé mal ce matin이라고 할 때는, 그 여자 자신이 자기가 아프다는 것을 느꼈고 인정했다는 의미가 분명하므로, 이 문장은 의미에서 능동형이기 때문에, trouvé라고 해야 하며 trouvée로 해서는 안 된다. 이것은 우리가 제안한 일반 규칙에 들어맞는다. 즉, 분사가 무엇을 지배할 때만 변화하지 않는 제롱디프로 생각하고, 그것이 전혀 지배하지 않을 때는 언제나 변화할 수 있는 것으로 생각한다는 것이다.

프랑스어에서 이 마지막 어법에 관계되는 것으로 이보다 더 확실한 규칙은 없다는 것을 나는 잘 알고 있다. 그러나 이 어법을 고정시키는 데, 적어도 용법이 완전히 결정되지 않고 확실하지 않은 모든 경우에는, 목적어를 고려하는 것이 가장 편리한 것처럼 보인다.

avoir 대신에 être로 과거를 만드는 경우는 일부 자동사에 해당된다. 다시 말해서 행위가 aller(가다), partir(떠나다), sortir(나가다), monter(올라가다), descendre(내려가다), arriver(도착하다), retourner(돌아가다)와 같이 작용하는 것의 밖으로는 전혀 옮겨가지 않는 동사를 말한다. 왜냐하면 il est allé, il est parti, il est sorti, il est monté, il est descendu, il est arrivé, il est retourné 라고 하며 il a allé, il a parti 등으로 하지는 않기 때문이다. 이로써 분사는 동사의 주격과 성, 수를 일치시킨다. Cette femme est alleé à Paris(그 여자는 파리로 갔다), elles sont allées, ils sont allés(그들은 갔다) 등.

그러나 이 자동사들 중에서 어떤 것들은, 이 동사들이 지배해야 할 어떤 단어를 결합시켜 놓았을 때 타동사가 되고 능동형이되어 avoir를 다시 취한다. 그래서 분사는 제롱디프가 되기 때문에, 더 이상 성, 수에 따른 변화를 하지 않는다. 따라서 Cette femme a monté la montagne(그 여자는 산에 올라갔다)라고 하며, est monté나 est montée, 혹은 a montée라고 하지 않는다. 때때로 il est sorti le royaume(그는 왕궁을 나갔다)라고 말하는 것은, 생략된 문장으로, il est sorti hors le royaume(그는 왕궁 밖으로 나갔다)를 대신하는 것이기 때문이다.

제 *23* 장

▌접속사와 감탄사 ▌

엄밀하게 우리 사고의 대상물이 아닌, 사고의 형태를 의미하는 두번째 종류의 단어는 et, non, vel, si, ergo ; et(그리고), non(아닌), ou(또는), si(만일), donc(그러므로)과 같은 접속사이다.

이것을 깊이 생각해 보면, 이 소사들은 사항을 연결하거나 분리하며, 그것을 부정하고 그것을 절대적으로 또는 조건을 붙여서 고려하는 우리 정신의 작업 자체만을 의미한다는 것을 알 수 있다. 예를 들면 우리의 정신 외부 세계에서 소사 non에 부합되는 사물은 전혀 없다. 그러나 이것은 분명히 우리가 어떤 사항이 다른 사항이 아니라고 판단하는 것만을 나타낸다.

라틴어에서 의문의 소사인 ne(입니까?)와 마찬가지로 aisne(당신은 말하나요?)도 우리 정신 외부에 있는 어떤 사물에 해당되지 않고, 다만 우리 정신의 움직임만을 나타내는데, 그것을 통해서 우리는 어떤 사항을 알고 싶어한다.

 그리고 이 때문에 의문 대명사 quis, quae, quid에 대해서 전혀 언급하지 않았다. 이것은 ne의 의미가 결합된 대명사에 지나지 않기 때문이다. 즉 그것은 다른 대명사처럼 명사의 자리를 차지하는 것 이외에, 어떤 사항을 알고 싶어하고 그것에 대해서 배울 것을 바라는 우리 정신의 움직임을 나타낸다. 바로 이 때문에 이러한 움직임을 나타내기 위해서 다양한 사항을 이용한다는 것을 알 수 있다. 때때로 이것을 목소리의 변화로만 나타내기도 하지만, 문자로 표기하면, 의문 부호라고 하는 작은 기호 ?를 사용한다.

 프랑스어에서는 대명사 je(나), vous(당신), il(그), ce(이것, 그것)를 동사의 인칭 뒤에 놓으면 의문을 뜻하게 된다. 반면에 일상의 어법에서는, 이 대명사를 앞에 위치시킨다. j'aime(나는 사랑한다), vous aimez(당신이 사랑한다), il aime(그가 사랑한다), c'est(이것은 ……이다)라고 하면, 이것은 단언을 나타내지만, aimé-je? aimez-vous? aime-t-il? est-ce?라고 하면, 의문을 나타내기 때문이다. 이로부터 의문을 나타내기 위해서는 sens-je?(내가 느낍니까?), lis-je?(내가 읽습니까?)라고 해야 하며, senté-je?, lisé-je?라고 해서는 안 된다. 언제나 여러분이 사용하고자 하는 인칭을 택하여 의문문을 만들기 위해서 대명사를 이동시켜야 하는데, 여기에서는 1인칭으로 je sens, je lis가 되기 때문이다.

 그런데 동사의 1인칭이 j'aime, je pense처럼 여성형 e로 끝날 때는, 그 뒤에 오는 je의 e도 역시 여성형이기 때문에, 이 여성형 e가 의문문에서 남성형으로 바뀐다. 그 이유는 프랑스어에서는 절대로 단어 끝에서 연속적으로 두 개의 여성형 e를 용납하지 않기 때문이다. 따라서 aimé-je, pensé-je, manqué- je(내가 실패하는가)라고 해야 하며, 또 이와 반대로 aimes-tu, pense-t-il, manque-t-il(그가 실패하는가)라고 해야 한다.

감탄사

감탄사도 역시 우리의 마음을 떠나서는 아무것도 의미하지 않는 단어이다. 그러나 이것은 인위적이라기보다 더 자연스러운 음성일 뿐이며, ah!(아), o!(오), heu!(에), helas!(아아) 등으로 우리 마음의 움직임을 나타낸다.

제 *24* 장

▌통사론, 또는 단어 전체의 구성 ▌

통사론 또는 단어 전체의 구성에 대해서 언급해야 하는데, 우리가 세운 원칙에 따라 그 일반적인 개념을 설명하기란 어렵지 않을 것이다.

단어들의 구성은 일반적으로 단어들이 함께 어울려야 할 때는 일치의 구성과 구별되며, 그리고 두 단어 중의 하나가 다른 것의 변화를 야기시킬 때는 보어의 구성과 구별된다.

첫번째 것은 대부분 모든 언어에서 마찬가지이다. 그 이유는 자연스러운 연속체가 문장을 더 잘 구별하기 위해 거의 모든 곳에서 사용되기 때문이다.

따라서 두 종류의 수, 단수와 복수의 구별은 실사와 형용사를 수에서 일치시키도록 하였다. 즉 다른 하나가 취한 수에 따라 그것을 단수나 복수로 놓아야 한다. 실사는 형용사에 의해 직접적이기는 하지만, 모호하게 표시된 주어이기 때문에, 실사적 단어가 여러 개를 나타내면, 형용사에 의해 형태가 표시된 주어가 여러 개가 있게 되므로, 따라서 그 실사는 복수가 되어야 한다. Homines docti ; hommes doctes(박식한 사람)와 같다.

여성과 남성의 구별은 실사와 형용사를 같은 성으로, 또는 중성이 있는 언어에서는 둘 다 종종 중성으로 놓게까지 만든다. 그것은 오직 이 목적으로 성이 만들어졌기 때문이다.

동사도 마찬가지로 명사와 대명사의 인칭과 수에 일치시켜야 한다.

외양상 이 규칙에 어긋나보이는 경우는, 수사적 기법에 따른 것으로, 즉 어떤 단어를 생략했거나 다음에 보는 것처럼 단어 자체보다도 오히려 사고를 고려하는 것이다.

이와 반대로 보어의 통사론은 거의 전부가 임의적인데, 바로 이 이유 때문에 모든 언어에서 매우 다르게 나타난다. 어떤 언어는 격으로 보어를 만들고, 다른 언어는 격 대신에 소사가 그 역할을 대신한다. 그래서 프랑스어와 스페인어에서는 속격과 여격을 나타내는 de와 à만이 있는 것처럼 몇 가지 격만을 나타낸다. 이탈리아인들은 여기에 탈격으로 da를 더 덧붙인다. 다른 격에는 소사가 전혀 없고, 단순한 관사만을 사용하기도 하는데, 이것조차도 항상 나타나지는 않는다.

이 주제에 관해서는 우리가 앞에서 전치사와 격에 대해서 언급한 것을 참조할 수 있다.

그러나 일반적인 몇 가지 준칙을 알아두는 것이 좋으며, 이것은 모든 언어에서 많이 사용되고 있다.

첫번째, 표현되었거나 생략된 어떤 동사와 관계되지 않는 주격이란 절대로 없다. 우리는 생각한 것을 나타내기 위해서만 말을 하지 않고, 우리가 생각한 것에 대해서 생각하는 것을 표현하기 위해서도 말을 하는데, 이것이 동사로 나타나기 때문이다.

두번째, 표현되었거나 생략된 주격이 없는 동사도 또한 없다. 그 이유는 동사의 고유한 특성은 단언하는 것이기 때문에, 거기에는 그것에 대해서 단언하는 그 무엇이 있어야 한다. 그런데 그것이 부정법 앞에서는 목적격으로 놓이긴 하지만, 그것은 동사의 주격이나 주어가 된다. Scio Petrum esse doctum(성인 베드로의 지식은 박식하다).

세번째, 실사와 관계되지 않는 형용사란 있을 수 없다. 그 이유는 형용사는 막연하게 실사를 표시하는 데 반해, 실사는 형용사에 의해 분명하게 표시된 형태의 주어이기 때문이다. doctus, savant은 박식한 어떤 사람에 관계된다.

네번째, 문장에서 다른 명사의 지배를 받는 속격이란 절대로 없다. 이 격은 언제나 소유자로서의 자격을 나타내므로, 피소유물에 의해 지배를 받아야 하기 때문이다. 그리스어에서나 라틴어에서도, 이 언어들의 『새로운 방법』에 나타나 있는 것처럼, 어떠한 동사도 엄밀하게 속격을 지배하지는 않는다고 할 수 있다. 이 규칙은 상용어에서는 잘 적용되지 않는데, 속격의 표지인 소사 de는 전치사 ex나 de를 위해서 종종 사용되기 때문이다.

다섯번째, 동사의 보어가 종종 용법의 변화에 따라 격 안에 포함된 다양한 종류의 관계를 취한다. 그렇다고 이것이 격마다 가지고 있는 특정한 관계를 변화시키지는 않으며, 용법에 따라 제멋대로 이러저러한 관계를 선택할 수 있다는 사실을 보여주는 것이다.

따라서 라틴어로는 aider(돕다)의 의미를 나타내기 위해서, juvare aliquem(누구를 돕다)라고도 하고, opitulari alicui(누구에게 도움을 주다)라고도 한다. 이 경우에 라틴 민족들은 첫번째 동사의 보어를 그 행위가 일어나는 항으로 여기고, 두번째 동사의 보어는 동사의 행위가 관계되는 귀속의 경우로 생각하기 때문이다.

그러므로 프랑스어에서는 servir quelqu'un(누구를 돕다)과 servir à quelque chose(무엇에 쓸모있다) 라고 말한다.

그래서 스페인어에서는 대부분의 능동형 동사가 여격과 목적격을 구별하지 않고 지배한다.

똑같은 동사가 praestare alicui 또는 aliquem(누구를 능가하다)처럼, 특히 전치사의 보어를 덧붙여서 여러 가지 보어를 취할 수 있게 된다.

따라서 예를 들면 eripere morti aliquem(누구를 죽음으로부터 구해 내다), 또는 mortem alicui(누구를 죽이겠다고 위협하다), 또는 aliquem a morte(누구를 죽음으로부터 구해 내다) 등으로 말한다.

때때로 이 다양한 보어들도 언어의 용법이 허용하는 것에 따라, 표현의 의미를 바꾸는 힘이 있다. 예를 들어, 라틴어에서 cavere alicui는 그것을 보존하도록 주의한다는 뜻이고, cavere aliquem은 그것을 지키기 위해서 헌신한다는 뜻이다. 이 점에 있어서는 모든 언어에서 언제나 용법을 참조하는 것이 필요하다.

구성의 수사법

우리가 통사론에 관하여 앞에서 언급한 것은, 모든 품사가 단순하게 표현되었고, 어떠한 단어도 더 넘치거나 더 부족하지 않으며, 또 그것이 우리 사고의 자연스러운 표현에 부합될 때는, 자연스러운 순서를 이해하는 데 충분하다는 것이다.

그러나 사람들은 그들의 사고를 표현하기 위해 사용하는 단어보다는 사고의 의미를 더 충실히 따르기 때문에, 그들은 종종 간단하게 문장의 어떤 부분을 삭제한다. 또는 문장의 우아함을 고려해서 없어도 되는 것처럼 보이는 어떤 단어를 남겨둔다거나, 문장의 자연스러운 순서를 무너뜨리기도 한다. 이러한 이유에서 그들은 수사학적인 네 가지 어법을 만들어냈다. 그런데 이것이 때때로 언어를 아름답고 완전하게 만들기도 하지만, 문법에서는 그만큼의 불규칙성으로 나타나는 것이다.

Il est six heures라고 말하는 것처럼, 문장의 단어보다는 우리의 사고에 일치시키는 어법을 액어법 syllepse 또는 겸용법 conception이라고 한다. 사실 단어의 성·수를 충실하게 따르면, 예전까지도 그렇게 말한 것처럼, 그리고 여전히 ils sont six, huit, dix, quinze hommes(그들은 여섯, 여덟, 열, 열다섯 명의 남자들이다)라고 하는 것처럼, elles sont six heures[18]라고 해야 할 것이기 때문이다. 그러나 사람들이 주장하는 것은 정확한 시간을 표현하는 것이기 때문에, 생각은 단어를 고려하지도 않고, 이들 시간 중에서 단 하나, 즉 여섯번째 시간에만 집중되어서, elles sont six heures라고 하기보다는 il est six heures라고 말하게 된다.

그래서 이러한 어법은 때로는 ubi est scelus qui me perdidit (나를 나쁘게 만들었던 사악함은 어디에 있는가?)와 같이 성에 대

---

18) (역주) heure(시간)는 여성에 속하는 명사이므로, 6시라고 할 때, 여성형의 복수 3인칭인 elles를 주어로 취해야 문장의 어법이 맞는다고 생각하는 견해이다.

한 불규칙성을 만들어낸다. 또 turba ruunt(군중들이 몰려온다)와 같이 수에 대해서도 불규칙성을 만들어내고, pars mersi tenuere ratem(물에 빠진 사람들 중 일부가 뗏목을 붙잡았다)처럼 성, 수 두 가지 모두에 대한 불규칙성을 나타내기도 한다.

문장에서 어떤 단어를 생략하는 어법을 약사법 ellipse 또는 결여법 défaut이라고 한다. 사람들은 때때로 동사를 생략하기도 하는데, 이것은 헤브라이어에서는 매우 보편화된 것으로, 여기에서는 존재 동사가 거의 언제나 생략된다. Deus pluit(하늘에 비가 온다)나 natura pluit(자연에 비가 온다) 대신에 pluit(비가 온다)와 같이 주격을 생략하기도 한다. 또 때로는 실사는 생략하고 그 형용사를 표현하기도 한다. paucis te volo(나는 너를 원한다)에서는 verbis alloqui(간단히 말해서)라는 뜻이 생략되어 있다. 때로는 est in urbe Romae(로마에 있다) 대신에 est Romae와 같이 다른 단어를 지배하는 단어를 생략하기도 한다. 그리고 때로는 facilius reperias, qui Romam proficiscantur, quam qui Athenas(로마를 떠나 아테네로 출발하려는 사람들을 너는 쉽게 찾을 것이다)에서처럼 지배받는 단어 homines(사람들)를 생략하기도 한다.

vivere vitam(삶을 살다), magis majora(훨씬 더 훨씬)과 같이 어떤 단어가 더 넘치도록 표현하는 어법을 중복법 pleonasme 또는 잉여법 abondance이라고 한다.

그리고 문장의 자연스러운 순서를 무너뜨리는 어법을 전치법 hyperbate 또는 전도법 renversement이라고 한다.

이러한 모든 수사법의 예들을 『개별어 문법』과 특히 『그리스어와 라틴어의 새로운 방법』에서 볼 수 있다. 여기에서는 이 내용이 상당히 폭넓게 다루어졌다.

나는 다만 다른 언어에서는 프랑스어보다 이러한 수사법을 더 많이 사용한다는 사실을 덧붙이려 한다. 프랑스어는 특히 분명하게 하려고 가능한 가장 자연스럽고 구속받지 않는 순서로, 그러면서 동시에 어떠한 아름다움이나 우아함을 해치지 않으면서 내용을 표현하려 하기 때문이다.

알리는 글

이 문법서에서는 파생어나 복합어에 대해서 전혀 언급하지 않았다. 여기에 대해서도 아주 호기심을 끄는 많은 사항들이 있겠지만, 이것은 『일반문법』보다 『일반사전』에 더 관계되는 것 같기 때문에 그렇게 하지 않았다. 그러나 이 책의 초판이 나온 이후로, 『논리학 또는 사고의 기술』이라는 책이 나왔다는 것이 대단히 기쁘다. 이 책은 똑같은 원칙에 근거하고 있기 때문에, 위의 사항을 밝히고, 또 이 문법서에서 다루었던 몇 가지 사항을 증명하는 데도 대단히 유용하게 사용될 수 있을 것이다.

한문희

서울대 불어교육과 졸업.
프랑스 브장송 대학교 언어학 석사, 스트라스부르 대학교 언어학 박사.
전북대 불문과 교수를 거쳐 현재 상명대 불어교육과 교수.
주요 논문 「루소와 언어의 기원」,
「프랑스어 음운 체계」 등.
역서 『음운학 원론』, 『음운론』 등.

아르노와 랑슬로의
일반이성문법

1판 1쇄 찍음   2000년 4월 6일
1판 1쇄 펴냄   2000년 4월 10일

지은이 · 앙투안 아르노, 클로드 랑슬로
펴낸이 · 박맹호
펴낸곳 · (주)민음사

출판등록 1966년 5월 19일 (제16-490호)
서울시 강남구 신사동 506
강남출판문화센터 5층 (135-120)
대표전화 515-2000 팩시밀리 515-2007
www.minumsa.com

ISBN 89-374-2455-x   93700